estermann

a Friedmann, Marcus Morath, Daniela Weckerle

irtschaft und wir

ɔeitsheft – Kompetenzbereiche III und IV

ıflage

:ellnummer 08201

Die in diesem Produkt gemachten Angaben zu Unternehmen (Namen, Internet- und E-Mail-Adressen, Handelsregistereintra-
gen, Bankverbindungen, Steuer-, Telefon- und Faxnummern und alle weiteren Angaben) sind i. d. R. fiktiv, d. h., sie stehe
keinem Zusammenhang mit einem real existierenden Unternehmen in der dargestellten oder einer ähnlichen Form. Dies gilt a
für alle Kunden, Lieferanten und sonstigen Geschäftspartner der Unternehmen wie z. B. Kreditinstitute, Versicherungsunter
men und andere Dienstleistungsunternehmen. Ausschließlich zum Zwecke der Authentizität werden die Namen real existiere
Unternehmen und z. B. im Fall von Kreditinstituten auch deren IBANs und BICs verwendet.

Zusatzmaterialien zu Wirtschaft und wir

Materialien für Lehrerinnen und Lehrer

Lösungen: 978-3-427-08221-7
Lösungen Download: 978-3-427-08205-7
Lösungen zum Arbeitsheft: 978-3-427-08233-0
Lösungen zum Arbeitsheft Download: 978-3-427-08217-0

BiBox westermann inkl. E-Book

BiBox für Lehrerinnen und Lehrer (Einzellizenz): 978-3-427-85330-5
BiBox für Lehrerinnen und Lehrer (Kollegiumslizenz): 978-3-427-85568-2

Materialien für Schülerinnen und Schüler

BiBox westermann inkl. E-Book

BiBox (Laufzeit 1 Jahr): 978-3-427-02214-5

Bildquellenverzeichnis
akg-images GmbH, Berlin: S. 4.4
www.alamy.com: S. 19.1 (Press Ltd / Alamy Stock Photo)
Bergmoser + Höller Verlag AG, Aachen: S. 51.1 (Zahlenbilder)
fotolia.com: S. 4.1 (ernstboese), 5.4 (Trueffelpix), 6.1 (photoGrapHie), 9.2 (lovemask), 9.3 (klesign), 11.1 (Kisa_Markiza), 13.1 (Sandor Jackal), 13.2 (Visual Concepts), 13.3 (BerlinStock), 13.4 (Jan Engel), 14.2 (industrieblick), 15.1 (bukhta79), 17.1 (ag visuell), 17.2 (Talex)
Mester, Gerhard, Wiesbaden: S. 4.3, 20.1, 25.1
picture-alliance GmbH, Frankfurt a. M.: S. 13.1 (Romain Fellen), 14.3, 14.4, 14.5, 23.1 (picture-alliance / akg-images), 25.2, 28.1, 29.1, 30.1, 33.1, 35.1 (dpa-infografik), 27.1
stock.adobe.com, Dublin: S. 4.2 (Wilm Ihlenfeld), 5.1, 6.1 (Calado), 5.2 (nmann77), 5.3 (cmfotoworks), 6.2 (mrmohock)

Wir arbeiten sehr sorgfältig daran, für alle verwendeten Abbildungen die Rechteinhaberinnen und Rechteinhaber zu ermitte
Sollte uns dies im Einzelfall nicht vollständig gelungen sein, werden berechtigte Ansprüche selbstverständlich im Rahmen d
üblichen Vereinbarungen abgegolten.

westermann GRUPPE

Die Seiten dieses Arbeitshefts bestehen zu 100 % aus Altpapier.

Damit tragen wir dazu bei, dass Wald geschützt wird, Ressourcen geschont werden und der Einsatz von Chemikalien reduziert wird. D
Produktion eines Klassensatzes unserer Arbeitshefte aus reinem Altpapier spart durchschnittlich 12 Kilogramm Holz und 178 Liter Wasser,
vermeidet 7 Kilogramm Abfall und reduziert den Ausstoß von Kohlendioxid im Vergleich zu einem Klassensatz aus Frischfaserpapier. Uns
Recyclingpapier ist nach den Richtlinien des Blauen Engels zertifiziert.

Druck und Bindung: Westermann Druck GmbH, Braunschweig

ISBN 978-3-427-**08201-9**

Vorwort

Liebe Schülerinnen und Schüler,
sehr geehrte Kolleginnen und Kollegen,

mit dem vorliegenden Arbeitsheft lassen sich die Lerninhalte des Lehrbuchs „Wirtschaft und wir“ im „Kompetenzbereich III – Wir in der sozialen Marktwirtschaft“ und dem „Kompetenzbereich IV – Wir auf dem Weg in die berufliche Selbstständigkeit“ handlungsorientiert erarbeiten.
Es ist abgestimmt auf dessen 17. Auflage und nun komplett in zehn Lernsituationen eingeteilt, die der Lebenswirklichkeit und den dabei aufkommenden Fragestellungen des Berufslebens entsprechen. Diese decken den kompletten Inhalt der Kompetenzbereiche III und IV ab. Da die zugehörigen Fachinformationen im Schülerbuch immer auf den Seiten im Arbeitsheft angegeben werden, können diese Fragestellungen ohne vorherigen Input selbstorganisiert erarbeitet werden. Natürlich sind sie auch als Übungsaufgaben oder Lernzielkontrollen einsetzbar.

Die Lernsituationen sind für individualisierte Selbstlernphasen formuliert. Sie können aber problemlos je nach Einsatz im Unterricht auf die gewünschten, neben der Fachkompetenz zu fördernden Kompetenzen angepasst werden. Einerseits ermöglicht das Arbeitsheft den Erwerb wirtschaftlichen Grundwissens anhand von Basisaufgaben. Andererseits bieten weiterführende Aufgaben ein Training der Handlungskompetenz. Ergänzt werden die Lernsituationen durch handlungskompetenzorientierte Prüfungsaufgaben.

Für jedes der drei Ausbildungsjahre liegt ein separates Arbeitsheft vor. Die Lernsituation und das zu bearbeitende Thema werden in der Kopfzeile genannt. Zusätzlich werden wiederkehrende Elemente mit Icons gekennzeichnet, die hier nachfolgend aufgeführt sind.

Wir wünschen viel Freude und viele neue Erkenntnisse.

Symbole

Basisaufgaben	Gesetzestext
weiterführende Aufgaben	Fremdtext
Verweis im Arbeitsheft auf Seiten im Fachbuch	Schreibbild

Inhaltsverzeichnis KB III – Wir in der Sozialen Marktwirtschaft

Lernsituation 5 – Einflussmöglichkeiten des Staates in der Sozialen Marktwirtschaft darstellen 22

Lernsituation 6 – Volkswirtschaftliche Messgrößen kennenlernen 27

Prüfungsaufgaben 33

KB IV – Wir auf dem Weg in die berufliche Selbstständigkeit

Lernsituation 7 – Berufliche Selbständigkeit abwägen 37

Lernsituation 8 – Einen Businessplan erstellen 40

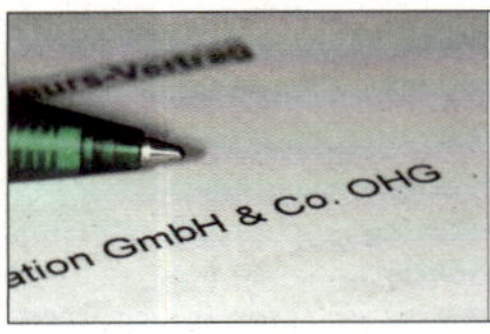

Lernsituation 9 – Ein Unternehmen in passender Rechtsform gründen 41

Lernsituation 10 – Einen Kapitalbedarfsplan aufstellen 49

Prüfungsaufgaben 56

Lernsituation 1: Nachdem Sie sich mit Ihrer Rolle und Ihren Möglichkeiten als Konsument im Alltag intensiv auseinandergesetzt haben, lernen Sie nun verschiedene Marktarten und Marktformen näher kennen. Dabei ist es wichtig, neben der sachlichen und räumlichen Gliederung der Märkte verschiedene Marktformen zu unterscheiden und deren Auswirkungen auf den Verbraucher zu verstehen. Verschaffen Sie sich mithilfe des Schülerbuches einen entsprechenden Überblick über diese Grundlagen des Marktes. Wenn Angebot und Nachfrage nach einem Gut zusammentreffen, bildet sich ein Markt. Das Verhalten der Marktteilnehmer hängt wesentlich davon ab, wie viele Anbieter und Nachfrager es für ein Gut gibt.

1. *Um welche Marktarten handelt es sich bei folgenden Beispielen?*

1. Der Auszubildende Caner Burak sucht dringend eine günstige Wohnung in Stuttgart.

   ....

2. Die Meier AG nimmt für den Bau einer neuen Lagerhalle einen Kredit bei ihrer Hausbank auf.

   ....

3. Anna Schmid bewirbt sich bei verschiedenen Unternehmen um einen Ausbildungsplatz.

   ....

4. Jenny Richter lässt sich von ihrem Friseur die Haare färben und schneiden.

   ....

2. *Welche Marktformen lassen sich den folgenden Beschreibungen zuordnen?*

Viele Anbieter und viele Nachfrager	....
Wenige Anbieter und viele Nachfrager	....
Ein einziger Anbieter und viele Nachfrager	....

3. *Stellen Sie den folgenden Zusammenhang durch die Ergänzung folgender Sätze her:*

Anzahl der Anbieter ↔ Marktmacht ↔ Preise ↔ Wettbewerb

Setzen Sie dabei die Begriffe **geringer bzw. größer** ein.

Je .... die Zahl der Anbieter, desto .... ist die Marktmacht der einzelnen Anbieter.

Je .... die Zahl der Anbieter, desto .... ist die Möglichkeit zur Beeinflussung des Preises auf dem Markt.

Je .... die Zahl der Anbieter, desto .... ist der auf diesem Markt herrschende Wettbewerb.

Je .... die Intensität des Wettbewerbs, desto .... Marktmacht hat der Einzelne.

Je .... die Marktmacht, desto .... sind die Möglichkeiten der Preisbeeinflussung.

Name: .... Klasse: .... Datum: ....

4. *Ordnen Sie die folgenden Märkte den verschiedenen Marktformen zu.*

Hinweis: Bei bis zu 14 Anbietern spricht man noch von wenigen Anbietern.

Märkte	Angebots-monopol	Angebots-oligopol	Angebots-polypol
Fast-Food-Anbieter einer großen Stadt			
Müllabfuhr			
Mobilfunkanbieter			
Lebensmittelmarkt			
Kinos			
Markt für Getränke			
Staatliche Lotterie			
Neuwagenmarkt			
Städtische Wasserwerke			
Sammler bietet einmaliges Gemälde zum Verkauf an			
Hersteller von Lkw-Reifen			
Unterhaltungselektronik			
ebay			

5. *Ordnen Sie die folgenden Aussagen den verschiedenen Marktformen zu.*

Aussage	Angebots-monopol	Angebots-oligopol	Angebots-polypol
Keiner der Anbieter ist groß genug, um den Marktpreis zu beeinflussen.			
Forschungs- und Entwicklungskosten in Millionenhöhe erschweren den Markteintritt für Mitbewerber.			
Es fehlen oftmals Privathaushalte als Abnehmer oder die Produkte sind zu kostspielig.			
Die Auswahl der Produkte ist kaum überschaubar.			
Es gibt kaum technischen Fortschritt und eine nur geringe Auswahl wegen fehlender Wettbewerber.			
Durch den häufig großen Preisdruck der Wettbewerber kommt es oft zu Qualitätseinbußen.			

 Name: .... Klasse: .... Datum: ....

Lernsituation 2: Wann ist der richtige Zeitpunkt, zu dem Sie auf dem Markt als Käufer agieren sollten? Welche Kriterien muss bzw. sollte der Verkäufer beachten, damit sich der Verkauf einer Ware für ihn lohnt? Was bedeutet es für das Angebot und den Preis einer Ware, wenn viele Kaufinteressenten für eine Ware existieren? Antworten auf diese und weitere Fragen werden Sie in Ihrem Schülerbuch finden und dabei zu bewussteren Kauf- bzw. Verkaufsentscheidungen gelangen. Angebot und Nachfrage führen zur Entstehung des Marktpreises. Der Gleichgewichtspreis ist der Preis, zu dem so viel angeboten wie nachgefragt wird. Er liegt im Schnittpunkt der Angebots- und Nachfragekurve.

1. *Welche Marktform ist aus der Sicht der Verbraucher die günstigste? Begründen Sie.*

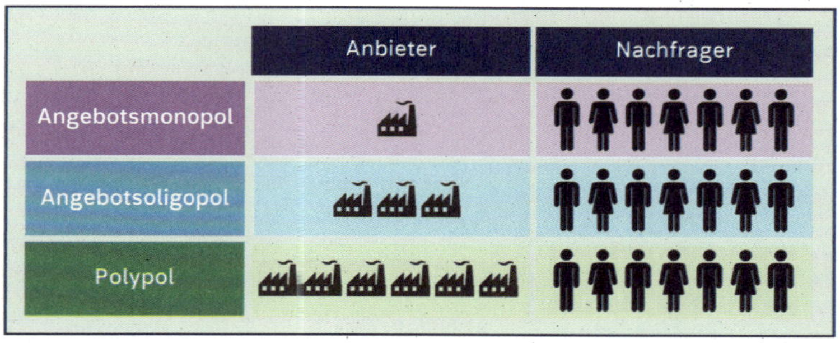

2. *Wie bildet sich der Marktpreis beim Polypol?*

3. *Beschreiben Sie die in den beiden Grafiken dargestellten Marktsituationen und treffen Sie die Aussage hinsichtlich des Marktpreises.*

An einer Wertpapierbörse werden für eine Aktie nebenstehende Aufträge erteilt:

Kurs in €	Verkaufsaufträge in Stück	Kaufaufträge in Stück
1,00	1400	4200
1,20	2000	3400
1,40	2600	2600
1,50	2900	2200
1,60	3200	1800

1. *Stellen Sie Angebot und Nachfrage in einem Koordinatensystem dar.*
x-Achse: 500 Stück ≙ 1 cm
y-Achse: 0,20 € ≙ 1 cm

2. *Ermitteln Sie das Marktgleichgewicht.*

....

....

....

3. *Wie ist die Marktsituation bei einem Kurs von 1,20 €? Welche Auswirkungen auf den Kurs sind zu erwarten?*

....

....

....

....

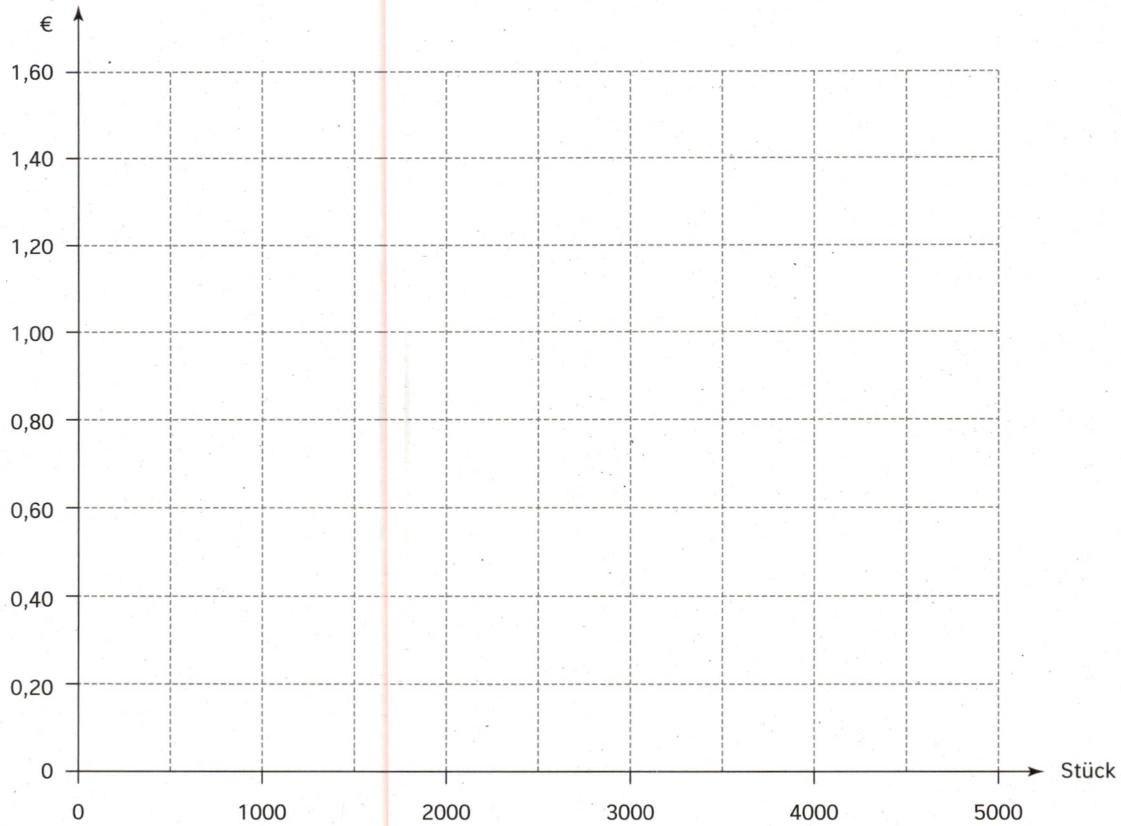

Bei einer Marktform mit vielen Nachfragern und nur einem Anbieter spricht man von einem Angebotsmonopol. Der Monopolist kann den Marktpreis und die angebotene Menge frei bestimmen.

1. *Nach welchen Gesichtspunkten wird ein privater Monopolist den Preis festsetzen?*

2. *Weshalb gibt es in unserer marktwirtschaftlichen Ordnung öffentliche Monopole? Nennen Sie zwei Beispiele.*

3. *Beantworten Sie folgende Fragen. Tragen Sie die richtigen Antworten in die nebenstehenden Kästchen ein.*

1. Wie wirkt sich das Vorhandensein von privatwirtschaftlichen Angebotsmonopolen auf den Markt aus?

A. Es wird weniger angeboten und die Güter sind teurer. Der Angebotsmonopolist hat eine große Marktmacht und kann willkürlich die Preise festlegen.

B. Es wird mehr angeboten und die Güter sind preisgünstiger. Der Angebotsmonopolist hat eine geringe Marktmacht und muss seine Preise dem Markt anpassen.

C. Das Vorhandensein von Angebotsmonopolen hat keinen Einfluss auf das Marktgeschehen. Angebot und Nachfrage sorgen dafür, dass sich ein Marktgleichgewicht einstellt.

2. Welche Faktoren bedrohen ein bestehendes Angebotsmonopol?

A. Abwandernde Nachfrager und das Verhalten der Konkurrenten können sich negativ auf die Marktsituation des Monopolisten auswirken.

B. Die Entwicklung von Substitutionsgütern (Ersatzgütern) durch andere Anbieter kann dazu führen, dass der Monopolist in seinem Preisverhalten eingeschränkt wird.

C. Der Staat kann durch die Missbrauchsaufsicht des Bundeskartellamts bei überhöhten Preisen dieses Verhalten des Angebotsmonopolisten untersagen.

D. Überhöhte Preise und eine Angebotsverknappung durch den Monopolisten führen immer zu einer starken Abnahme der Nachfrage.

Oligopolmärkte sind in entwickelten Volkswirtschaften sehr häufig anzutreffen. Der Oligopolist hat bei seiner Preispolitik nicht nur das Verhalten der Nachfrager sondern auch mögliche Reaktionen seiner Mitbewerber zu bedenken.

Preiskampf in der Autoversicherung lässt Prämien sinken

Für Millionen Autofahrer hat die Jagdsaison begonnen: Vor dem Kündigungs-Stichtag Ende November suchen sie die günstigste Versicherung für ihren Wagen oder ihr Motorrad. Die Versicherer liefern sich eine gnadenlose Preisschlacht – zur Freude der Kunden.

Quelle: dpa: Preiskampf in der Autoversicherung lässt Prämien sinken, veröff. am 02.11.2015 unter: www.focus.de/auto/news/auto-preiskampf-in-der-autoversicherung-laesst-praemien-sinken_id_5056124.html

1. *Erläutern Sie die Aussage des Textes.*

....
....
....
....
....
....
....
....

2. *Im Zusammenhang mit dem Preisverfall ist oft von einem „Preiskampf" die Rede. Was ist damit gemeint?*

....
....
....
....
....
....
....
....

3. *Beurteilen Sie den Preiskampf aus der Sicht der Nachfrager.*

....
....
....
....
....
....
....
....
....

 Name: .... Klasse: .... Datum: ....

256–263

Beim Angebotsoligopol wird die Preisbildung neben dem Verhalten der Nachfrager auch von den Reaktionen der Konkurrenten bestimmt.

1. *Lesen Sie folgende Informationstexte und ergänzen Sie dann die Tabelle auf der nächsten Seite.*

Kaum Preisdifferenzen bei Benzin, Diesel und Heizöl

Pünktlich zum langen Wochenende oder zu Ferienbeginn ziehen die Kraftstoffpreise in Deutschland spürbar an. Ein Unternehmen erhöht die Preise und innerhalb kürzester Zeit ziehen alle anderen Anbieter nach. Angebot und Nachfrage, feste Preise an den Rohstoffbörsen sowie eine natürliche Verknappung des Rohöls bestimmen angeblich den Preis. Die Gewinne der Mineralölkonzerne steigen jedoch jährlich in Milliardenhöhe.

Preiskampf bei Lebensmitteldiscountern

Die Preisschlachten bei den Lebensmitteldiscountern gehen immer wieder in eine neue Runde. Die Kunden können sich zwar zunächst auf Preissenkungen freuen, aber für die Produzenten und Landwirte bedeuten die sinkenden Preise oft Überlebenskampf. Ziel der Discounter ist jedoch, langfristig die Marktanteile zu erhöhen.
Preiskämpfe zwischen verschiedenen Anbietern können aber unter diesen auch zu ruinösem Wettbewerb führen. Wenn beispielsweise ein Unternehmen nur dann überleben kann, wenn es eine bestimmte Größe erreicht, wird es versuchen, Konkurrenten mit Dumping-Preisen aus dem Markt zu drängen. Das gleiche Mittel wird eingesetzt, um Konkurrenten in die Knie zu zwingen und auf diese Weise Marktanteile zu gewinnen. Wenn andere Marktteilnehmer aus dem Markt ausgeschieden sind, können dann die Preise wieder erhöht werden.

Preisabsprache-Verdacht: Süßwarenhersteller verweisen auf Rohstoffpreise

Führende Süßwarenhersteller in Deutschland stehen immer wieder im Verdacht, die Verbraucher durch verbotene Preisabsprachen zu schröpfen. Das vorrangige Ziel solcher Preisabsprachen ist es, durch das Ausschalten des Wettbewerbs höhere Gewinne zu erzielen. Doch die Hersteller verweisen auf steigende Rohstoffpreise. Aufgrund konkreter Hinweise, dass die betroffenen Unternehmen mit den Absprachen Preisanhebungen spürbar über dem Kostenanstieg durchsetzen wollten, kam es bei den großen Herstellern in der Vergangenheit schon mehrmals zu Kontrollen des Bundeskartellamtes und zu der Androhung von Bußgeldern.

Qualitätswettbewerb nimmt immer mehr zu

Ob Autoindustrie, Möbelhersteller oder elektronische Geräte, Garantiezeiten werden erhöht und ohne „Qualitätssiegel" verkaufen sich viele Produkte auf dem deutschen Markt immer schlechter.
Neben TÜV, Stiftung Warentest und anderen Verbraucherorganisationen mit staatlichem Auftrag kommen jedes Jahr neue, meist branchenspezifische Gütesiegel auf den Markt. Der Wettbewerb um den Kunden wird immer häufiger nicht mehr über den Preis, sondern über die Qualität und den Service ausgetragen.

	Qualitätswettbewerb	Preisführerschaft	Preisabsprachen	Preiskampf

Beispiel	Möbelindustrie,			
Vorgehensweise				
Ziel				
Preisentwicklung			überhöhte Preise	
Folgen				

Name: .... Klasse: .... Datum: ....

Lernsituation 3: In unserer modernen und globalen Wirtschaftswelt schließen sich immer mehr Unternehmen zusammen. Wie diese Entwicklung vonstatten geht, welche Gründe es dafür gibt und welche Gefahren dadurch entstehen können, erschließen Sie sich in der nachfolgenden Lernsituation mithilfe des Schülerbuches. Sie werden dabei ebenfalls erfahren, welche Möglichkeiten der Staat besitzt, um regulierend einzugreifen bzw. etwaige Gefahrensituationen abzuwenden. Um im Wettbewerb zu bestehen, arbeiten Unternehmen immer häufiger mit anderen Unternehmen zusammen. Kooperieren die Unternehmen, dann bleibt ihre Selbstständigkeit weitgehend erhalten, bei Zusammenschlüssen (Konzentration) geben Unternehmen ihre Selbstständigkeit durch Kapitalbeteiligung anderer Unternehmen oder durch vollständige Übernahme andere Unternehmen ganz oder teilweise auf.

1. *Unternehmenszusammenschlüsse können auf horizontaler, vertikaler oder diagonaler Ebene erfolgen. Ergänzen Sie mithilfe der nachfolgend aufgeführten Begriffe und Beispiele das Schaubild.*

Schuhfabrik – Biobäckerei (2x) – Diagonaler – Einzelhandel – Horizontaler – Bauunternehmen – Biobauer – Vertikaler

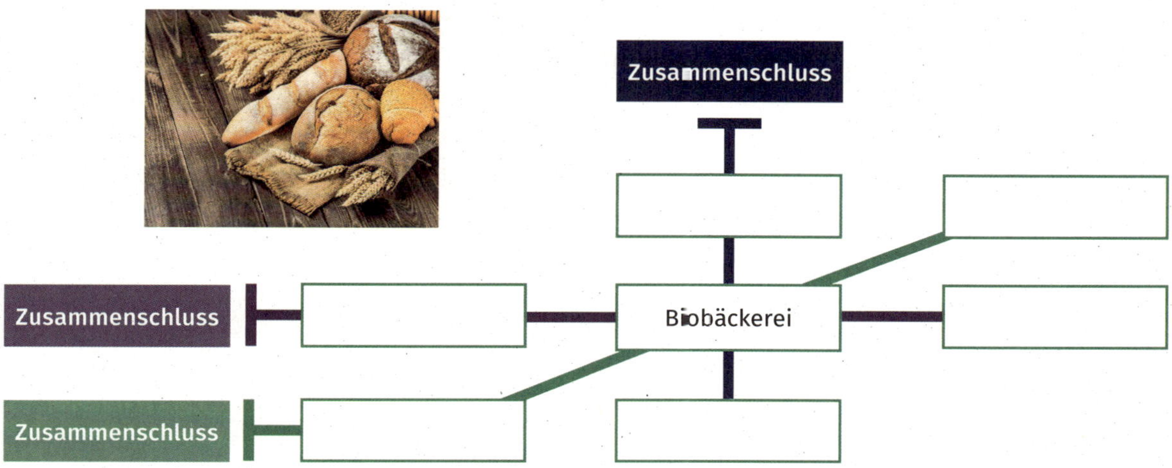

2. *Erläutern Sie die Formen der Zusammenschlüsse.*

Horizontaler Unternehmenszusammenschluss:

Die Biobäckereien schließen sich zusammen, um z. B. gemeinsam Werbung für ihre Bioprodukte zu machen oder ....

....

Vertikaler Unternehmenszusammenschluss:

....

....

....

Diagonaler Unternehmenszusammenschluss:

....

....

....

S. 264–2

Im Wirtschaftsteil der Tageszeitungen wird immer wieder von Unternehmenszusammenschlüssen berichtet.

Adidas weltweit auf Platz zwei

Durch die Übernahme von Reebok ist Adidas nach dem Weltmarktführer Nike mit einem Jahresumsatz von weit über 10 Milliarden Euro zum zweitgrößten Sportartikelhersteller der Welt geworden. Reebok besteht jedoch unter eigenem Namen in der Unternehmensgruppe fort.

DHL Supply Chain weltweiter Branchenführer

Die Deutsche Post wuchs seit ihrer Privatisierung vor allem durch Unternehmenskäufe, darunter zum Beispiel des britischen Logistikunternehmens Exel. Durch die Übernahme des britischen Konkurrenten hat sich die Deutsche Post AG an die Spitze der europäischen Logistik-Unternehmen gesetzt. Der Name des Unternehmens lautet „DHL Supply Chain".

1. *Erläutern Sie die Form der beiden Zusammenschlüsse.*

Adidas	**DHL Supply Chain**

2. *Welche Vorteile ergeben sich für die beteiligten Unternehmen?*

3. *Beschreiben Sie mögliche Nachteile für die Allgemeinheit.*

 Name: ……… Klasse: ……… Datum: ………

Bei Unternehmenskooperationen arbeiten Unternehmen auf begrenzten Arbeitsgebieten zusammen und geben ihre wirtschaftliche Unabhängigkeit teilweise bzw. vorübergehend auf.

Kooperation für schnellere Entwicklung

Die beiden deutschen Autobauer Daimler AG und BMW sowie der US-Autogigant General Motors kooperieren seit Langem bei der Entwicklung umweltschonender Antriebe, um das Fachwissen zu bündeln und gemeinsam die Entwicklung zu beschleunigen.

Rüge für unerlaubte Tarifabsprachen

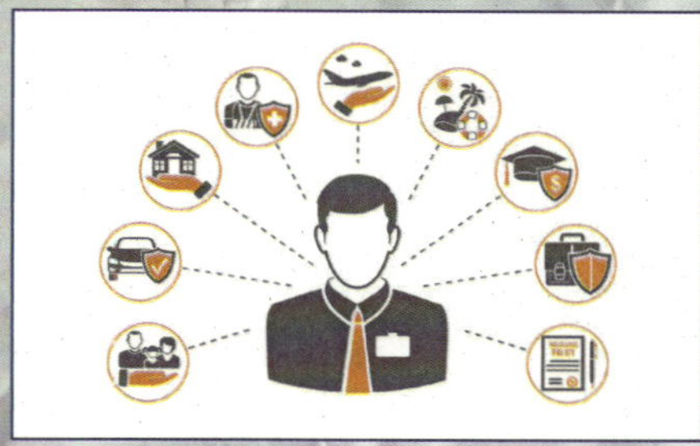

Gegen sieben öffentlich-rechtliche Versicherer hat das Bundeskartellamt Bußgelder von mehr als 20 Millionen Euro verhängt. Als Grund nannte die Behörde, unerlaubte Absprachen bei Tarifen und Bedingungen.

1. *Welche Formen der Zusammenarbeit von Unternehmen werden in den Beispielen dargestellt?*

....	....
....	....
....	....
....	....
....	....
....	....

2. *Beurteilen Sie die Auswirkungen für die Kunden der Unternehmen.*

....	....
....	....
....	....
....	....
....	....

3. *Unter welchen Bedingungen können Kartelle zugelassen werden?*

....

....

....

....

....

....

Name: .... Klasse: .... Datum: ....

S. 264–2

1. *Welche Behörden sind zuständig für die Kontrolle von Unternehmenszusammenschlüssen?*

2. *Welche Aufgaben haben die Wettbewerbsbehörden bei Zusammenschlüssen?*

3. **Auf welche Art und Weise wird die Verschmelzung von Unternehmen in den folgenden Darstellungen vorgenommen.**

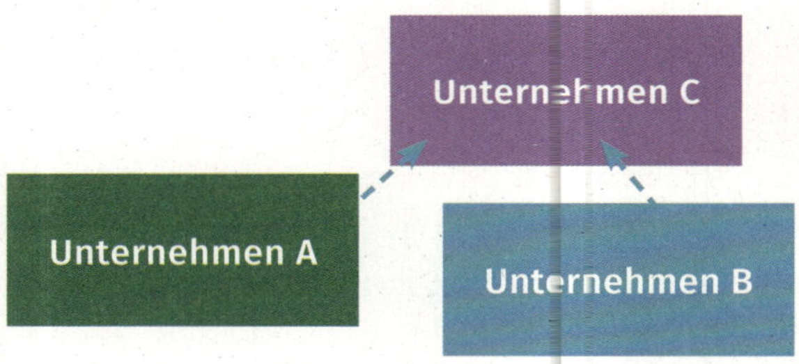	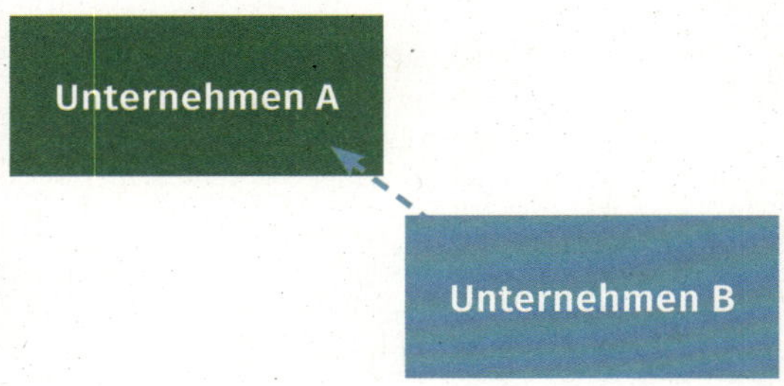

Lernsituation 4: In der folgenden Lernsituation kennzeichnen Sie das Wesen der Sozialen Marktwirtschaft und vergleichen diese mit dem System der Freien Marktwirtschaft. Sie erschließen sich gesetzliches Grundlagen, welche das System der Sozialen Marktwirtschaft, in dem Sie leben, absichern.

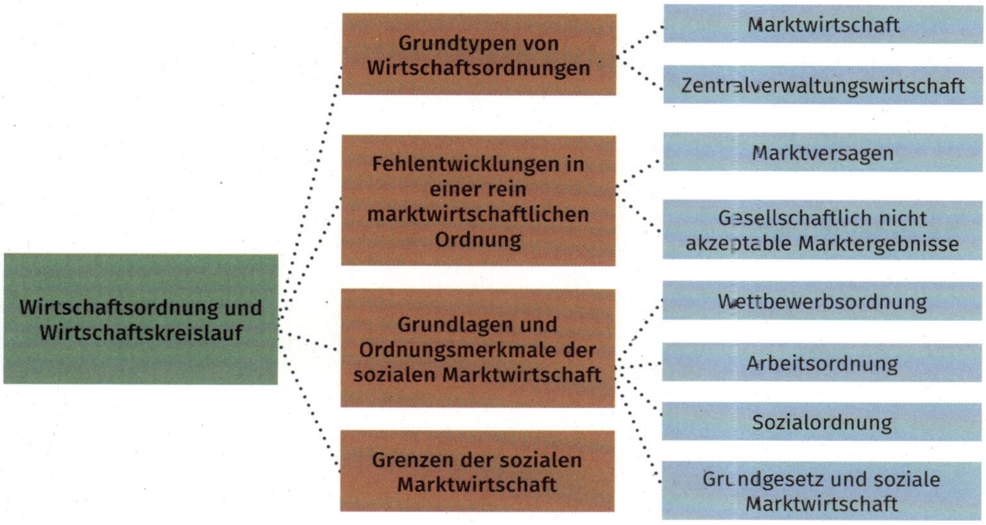

Adam Smith (1723–1790) legte durch seine Gedanken die **Grundlage für eine freie Marktwirtschaft.** Er sprach sich gegen alle Bevormundung der wirtschaftlichen Tätigkeiten durch den Staat aus. Dem Staat komme lediglich die Aufgabe zu, die Person und das Eigentum zu schützen und die bestehende Ordnung zu garantieren. Alle **staatlichen Eingriffe werden abgelehnt** („Nachtwächterstaat").

Mark S. (Unternehmer)

Ich bin der Überzeugung, dass eine konsequente Umsetzung der freien Marktwirtschaft eine Riesenchance für Deutschland bieten würde. Gewinnstreben, Bezahlung nach Leistung und Existenzkampf im Leistungswettbewerb sind doch die besten wirtschaftlichen Antriebskräfte.

Zu Zeiten Adam Smiths wurden große Errungenschaften durch das Streben des Einzelnen nach Gewinn hervorgebracht. Mit der Dampfmaschine wurde eine Technologie entwickelt, von der die ganze Menschheit profitiert hat. Ich bin sicher, dass durch die freie Marktwirtschaft im Bereich der Technologie noch größere Fortschritte im Sinne aller erzielt werden könnten.

Ich bin der Meinung, dass es zu viele „schwarze Schafe" gibt, die sich auf die Sozialleistungen unseres Staates verlassen und nicht bereit sind, zu arbeiten. Man muss sich ja nur mal die Talkshows anschauen. Die freie Marktwirtschaft würde solche Leute zur Eigeninitiative zwingen und sie könnten sich nicht mehr auf Kosten der anderen ein schönes Leben machen.

Auch die vielen gesetzlichen Bestimmungen sehe ich kritisch, seien es beispielsweise Regelungen zum Kündigungsschutz oder Mindestlohnbestimmungen. Diese machen es den Unternehmen oft schwer, zu überleben.

Auch der Benzinpreis würde endlich wieder sinken, wenn der Staat nicht mehr wahnsinnig hohe Steuern erheben würde. Von daher kann ich persönlich die freie Marktwirtschaft voll unterstützen.

Und abschließend möchte ich noch die Subventionen durch den Staat infrage stellen. Als Beispiel sei nur der subventionierte Kohlebergbau genannt. Die Kohle aus Deutschland ist nun mal nicht wettbewerbsfähig. Subventionen in nicht mehr wettbewerbsfähige Branchen sind sinnlos. Die Kohle sollte lieber importiert werden. Das wäre viel günstiger. Die eingesparten Subventionen kann der Staat dazu verwenden, seine Schulden zu tilgen. Die Subventionen in den Bergbau sind jährlich so hoch, dass von diesem Geld alle Bergbaubeschäftigten mit einer tollen Rente in den Vorruhestand geschickt werden könnten.

1. *Stimmen Sie den Argumenten von Mark S. zu oder würden Sie diese eher ablehnen?*
2. *Erarbeiten Sie sich zunächst die Argumente von Mark S. für die endgültige Einführung der freien Marktwirtschaft **(Pro)**. Tragen Sie Ihre Ergebnisse in die folgende Tabelle stichwortartig ein.*

S. 274–2

3. *Was spricht gegen die freie Marktwirtschaft* ***(Kontra)****? Siehe auch Kapitel 2.2 im Lehrbuch S. 277 f. Tragen Sie Ihre Ergebnisse in die folgende Tabelle stichwortartig ein.*

Ungleichheit macht krank

Viele soziale Missstände gehen auf hohe Einkommensunterschiede zurück

Untersuchungen haben ergeben, dass bei großen Unterschieden zwischen den Einkommen der Gesundheitszustand schlechter und soziale Probleme wie Gewaltverbrechen häufiger sind. Der Stress durch stärkere hierarchische soziale Beziehungen und eine stärkere Statuskonkurrenz löst Krankheiten aus.

Quelle: vgl. Wilkinson, Richard: Ungleichheit macht krank, veröff. am 27.01.2008 unter: www.welt-sichten.org/artikel/3853/ungleichheit-macht-krank (verändert)

UN-Umweltbericht: Die Welt giert nach Rohstoffen

Der Rohstoffverbrauch der Welt hat sich seit 1970 verdreifacht. Das geht aus einem Bericht hervor, den die UN-Umweltorganisation (...) vorgelegt hat. (...) Die reichen Länder verbrauchen pro Kopf immer noch zehnmal so viele Rohstoffe wie die armen. Spitzenreiter ist Nordamerika. (...) Die Prognose: Wenn der Trend anhält, wird sich der Verbrauch pro Jahr auf 180 Milliarden Tonnen steigen. Das verschärfe praktische alle Umweltprobleme vom Klimawandel über die Versauerung der Meere, dem Verlust von Arten, der Wasserverschmutzung und sei eine große Gefahr für die Gesundheit von Menschen, heißt es in dem Bericht.

Quelle: Eckert, Werner: Die Welt giert nach Rohstoffen veröff. am 20.07.2016 unter www.swr.de/landesschau-aktuell/un-umweltbericht-die-welt-giert-nach-rohstoffen/-/id=396/did=17820322/nid=396/1t597y4/

Freie Marktwirtschaft	
Pro	**Kontra**
o	o Missbrauchsgefahr der Freiheitsrechte
o	o ....
....	o ....
o	....
....	....
....	o ....
....	o ....
....	o ....
....	o ....
....	o ....
....	o ....

Fazit: ....

....

In jeder Gesellschaftsordnung greift der Staat ordnend oder gestaltend in das Wirtschaftsgeschehen ein. Er bestimmt durch die Verfassung, durch Gesetze, Rechtsverordnungen und andere Vorschriften den Freiraum für die wirtschaftliche Betätigung seiner Bürger. Das Grundgesetz der Bundesrepublik Deutschland verlangt die Beachtung der Grundrechte, überlässt dem Staat aber weitgehende Möglichkeiten für gesetzgeberische Maßnahmen zu einer aktiven Gestaltung der Wirtschaftsordnung und ihrer Anpassung an die jeweiligen Verhältnisse.

Informieren Sie sich im Grundgesetz der Bundesrepublik Deutschland und geben Sie die Aussagen der im Folgenden angegebenen Artikel mit eigenen Worten wieder.

Artikel 2, Absatz 1:

Freie Entfaltung der Persönlichkeit, soweit nicht die Rechte anderer, die verfassungsmäßige Ordnung oder das Sittengesetz verletzt werden.

Artikel 9, Absätze 1 und 3:

Artikel 12:

Artikel 14, Absätze 1 und 2:

Artikel 14, Absatz 3:

Artikel 15:

Artikel 20, Absatz 1:

Name: Klasse: Datum:

Lernsituation 5: Wie kann der Staat in der sozialen Marktwirtschaft Einfluss auf die Wirtschaft nehmen und mit welchen Problemen sieht er sich dabei konfrontiert? Bearbeiten Sie dazu bitte die folgenden Seiten mithilfe Ihres Schülerbuches. Die marktwirtschaftliche Ordnung beruht auf den Vorstellungen von Adam Smith, nach denen die persönliche Freiheit und der Nutzen des Einzelnen im Vordergrund stehen: Der Staat habe für Recht und Ordnung sowie für den Schutz der Bürger zu sorgen und sich aus dem Wirtschaftsgeschehen herauszuhalten. In der sozialen Marktwirtschaft greift der Staat dagegen immer dann ein, wenn Fehlentwicklungen oder Benachteiligungen drohen, die er mit allgemein gültigen (global wirkenden) Maßnahmen zu verhindern bzw. zu korrigieren versucht.

1. *Zeigen Sie auf, mit welchen Maßnahmen der Staat eingreift, um folgende Nachteile einer freien (liberalistischen) Marktwirtschaft zu bekämpfen.*

Nachteile einer freien (liberalistischen) Marktwirtschaft	Maßnahmen des Staates in der sozialen Marktwirtschaft
Leistungsprinzip/keine Rücksicht auf Leistungsschwache	Absicherung gegen die Risiken des Lebens durch Sozialversicherungen und Sozialhilfe, ...
Abhängigkeit der Arbeitnehmer vom Kapital	....
Gefährdung des Wettbewerbs durch Vertragsfreiheit	....
Schwankungen der allgemeinen Wirtschaftstätigkeit (Konjunktur)	....
Existenzbedrohung für Regionen und Wirtschaftszweige, die dem Wettbewerb nicht gewachsen sind	....

2. *Sind folgende Staatseingriffe mit den Grundsätzen der sozialen Marktwirtschaft vereinbar?*

Staatseingriffe	vereinbar	
	ja	nein
Umweltschutzauflagen für die Automobilindustrie	X	
Staatliche Höchstpreise für Benzin und Heizöl		....
Kontrolle der Preisgestaltung der Mineralölgesellschaften	....	
Erhebung einer Benutzungsgebühr für Autobahnen	....	
Heizkostenzuschüsse für Sozialhilfeempfänger	....	
Allgemeiner Preis- und Lohnstopp		....

1. *Ergänzen Sie den Text mit den folgenden Wörtern an der richtigen Stelle.*

Wettbewerb – Monopolpreisen – Europäische Zentralbank – aktive
Rolle – Marktmacht – Gewinne zu erzielen – Tarifautonomie – dezentrale Planung – Staat – Produktionsfaktoren – freie Marktpreisbildung –
Privateigentum – Absatzerwartungen – Angebot und Nachfrage

Ludwig Erhard

Die soziale Marktwirtschaft wurde 1948 im Nachkriegsdeutschland eingeführt. Sie ist unter anderem dadurch gekennzeichnet, dass die meisten wirtschaftlichen Handlungen nicht aufgrund einer zentralen, sondern durch eine dezentrale Planung erfolgen. Die Unternehmen planen ihre Produktion aufgrund der .... Die einzelnen Haushalte planen den Einsatz ihrer .... (Arbeit, Kapital) und entscheiden über ihre Einkommensverwendung. Ein staatlicher Gesamtplan existiert nicht. Das unternehmerische Handeln wird durch die Chance, ..., bestimmt, aber auch durch das Risiko, Verluste zu erwirtschaften. Der .... gilt als wichtigstes Mittel zur Steuerung der Wirtschaft. Er soll verhindern, dass zu große .... entsteht. Wettbewerb dient dem Verbraucher zum Beispiel auch als Schutz vor überhöhten .... Auch das .... an Produktionsmitteln ist gewährleistet (siehe Art. 14 GG), es ist aber auch Staatseigentum (Kollektiveigentum) möglich. Tarifverträge werden auf freier Basis zwischen Gewerkschaften und Arbeitgeberverbänden abgeschlossen. Die Tarifpartner verfügen über eine ...., d. h., sie können Löhne und Arbeitsbedingungen autonom aushandeln. Die .... ist der wichtigste Mechanismus, der dem Ausgleich von .... dient. Es gibt aber auch eine Reihe von Ausnahmen (z. B. Agrarmarkt). Um die Aufgabe als Hüterin der Währung besser wahrnehmen zu können, ist die .... unabhängig gegenüber den Weisungen der Regierungen der einzelnen europäischen Staaten. In einer sozialen Marktwirtschaft nimmt der .... eine zurückhaltende, aber trotzdem .... im Wirtschaftsgeschehen ein.

Name: .... Klasse: .... Datum: ....

1. *Lesen Sie sich die folgenden Aussagen/Merkmale zur sozialen Marktwirtschaft durch! Wählen Sie dann fünf Aussagen aus, die Ihnen besonders wichtig erscheinen. Dabei können Sie auch Aussagen ergänzen. Markieren Sie sich diese!*

Nr.	Was kennzeichnet eine soziale Marktwirtschaft? Aussagen/Merkmale	Auswahl
1	Freie Berufswahl	
2	Konsumfreiheit	
3	Keine staatlich festgelegten Preise	
4	Arbeitsplatzsicherheit durch Kündigungsschutz	
5	Krankenversicherungspflicht	
6	Arbeitsfähige Arbeitslose, die staatliche Unterstützung erhalten, müssen jede verfügbare Arbeit annehmen	
7	Staatliche Preiskontrollen	
8	Rechtsanspruch auf einen Ausbildungsplatz für Jugendliche	
9	Schutzgesetze für sozial Schwache und Behinderte	
10	Recht auf Privateigentum	
11	Keine staatlichen Eingriffe in das Wirtschaftsgeschehen	
12	Gleicher Einkommensteuersatz für alle Einkommen	
13	Sozial Schwache können, müssen aber nicht vom Staat unterstützt werden	
14	Staat garantiert nur die innere und äußere Sicherheit	
15	Preise für Grundnahrungsmittel (z. B. Eier, Milch) werden vom Staat subventioniert	
16	Betriebe müssen je nach Beschäftigtenzahl Ausbildungsplätze zur Verfügung stellen	
17	Angehörige müssen an erster Stelle für Bedürftige, Kranke und Behinderte sorgen	
18	Staatlich garantierter Wettbewerb unter den Unternehmen	
19	Arbeitgeber und Gewerkschaften handeln Löhne durch Tarifverhandlungen aus	
20	Anrecht auf ein staatliches Mindesteinkommen	
21	Rechtsanspruch auf eine Wohnung	
22	Staatliche Unterstützung für Betriebe in wirtschaftlicher Not	
23	Anspruch auf Mindestrente	
24	Verpflichtung für jeden, einen Beruf zu erlernen	
25	Staatliche Umweltschutzgesetze	
26	Kein staatlicher Zwang, für eigenen Lebensunterhalt zu sorgen	
27	Staat sorgt dafür, dass die Benzinpreise nicht zu stark steigen	
28	Einführung einer Reichensteuer	
29	Staatliche Maßnahmen bei umwelt- und gesundheitsschädlichem Konsum (z. B. Ökosteuer, Tabaksteuer, Dosenpfand)	
30		
31		
32		

2. *Erläutern, begründen und diskutieren Sie mit Ihren Mitschülern die von Ihnen jeweils ausgewählten Aussagen. Einigen Sie sich dann auf fünf der wichtigsten Aussagen. Erstellen Sie eine Rangfolge von besonders wichtig (= 1) bis kaum wichtig (= 5).*
Bei welchen Aussagen bestand Übereinstimmung? Bei welchen Aussagen gab es unterschiedliche Meinungen?

1. *Beschreiben Sie die Karikatur und erläutern Sie ihre Aussage. Welche Thematik wird angesprochen und welche Probleme ergeben sich daraus für die soziale Sicherung?*

....

....

....

....

....

....

....

....

....

....

2. *Schauen Sie sich folgende Informationen zum Thema „Staatsverschuldung" an. Welche Auswirkungen hat eine hohe Staatsverschuldung und warum ist ihre Begrenzung so wichtig?*

„Durch die Staatsverschuldung lebt die jetzige Generation auf Kosten zukünftiger Generationen. Die Staatsschulden sind auf die Zukunft verschobene Steuererhöhungen, die dann von den nachfolgenden Generationen zu tragen sind."

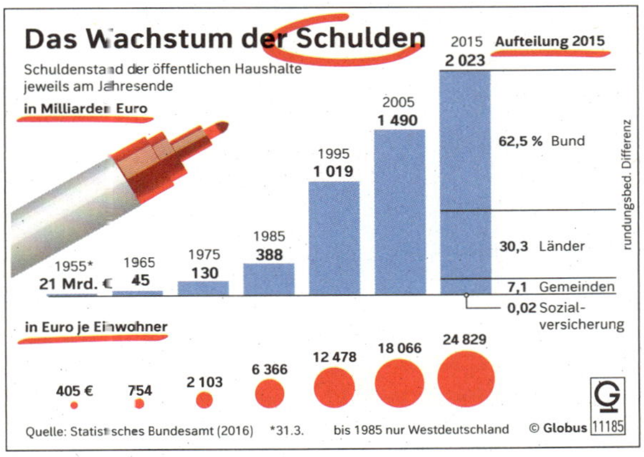

Wirtschaftliche Grenzen

Staatsschulden können theoretisch in unbegrenzter Höhe aufgenommen werden. Allerdings wird die weitere Geldaufnahme für einen bereits hoch verschuldeten Staat äußerst schwierig, da die Finanzmärkte eine Rückzahlung der aufgenommenen Schulden für sehr fragwürdig erachten (Bonität) und dem Staat somit liquide Mittel entweder gar nicht mehr oder nur noch zu sehr hohen Zinsen anbieten werden. Der verschuldete Staat rutscht so in den Teufelskreis einer Haushaltsnotlage aus immer höheren finanziellen Verpflichtungen (Zinsen und Tilgung bereits bestehender Schulden) und einem immer begrenzteren Zugang zum Finanzmarkt. Diese Spirale kann mit dem Verlust der Kreditwürdigkeit oder gar mit der Zahlungsunfähigkeit des Staates (Staatsbankrott) enden.

....

....

....

....

3. *Durch das Stabilitäts- und Wachstumsgesetz ist der Staat verpflichtet, gleichzeitig vier Ziele der Wirtschaftspolitik anzustreben.*

1. Nennen Sie die vier Ziele der Wirtschaftspolitik.

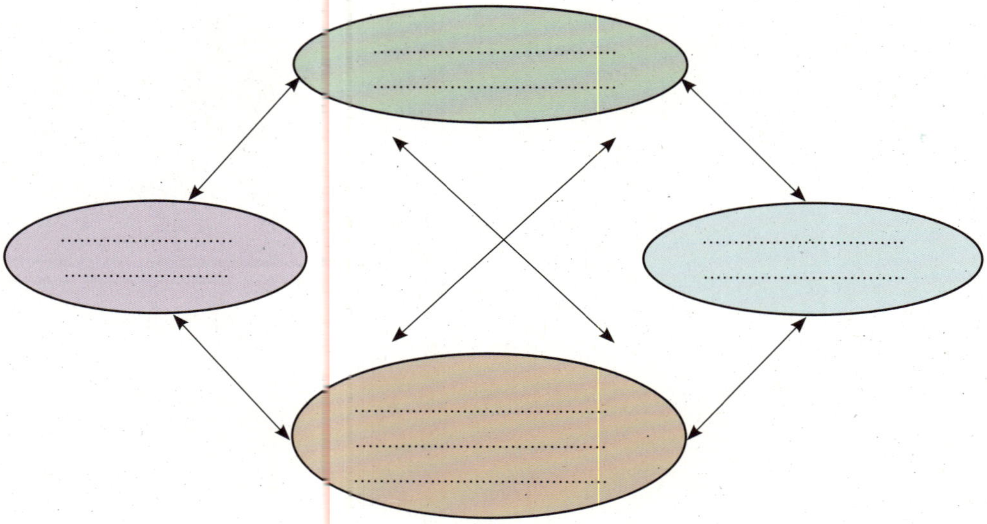

2. Weshalb spricht man auch von einem magischen Viereck?

....

4. *Beschreiben Sie einen Zielkonflikt und eine Übereinstimmung (Zielharmonie).*

Zielkonflikt: ....

....

Zielharmonie: ....

....

5. *In einem Industrieland haben sich das reale Bruttoinlandsprodukt und die Anzahl der Beschäftigten wie folgt entwickelt:*

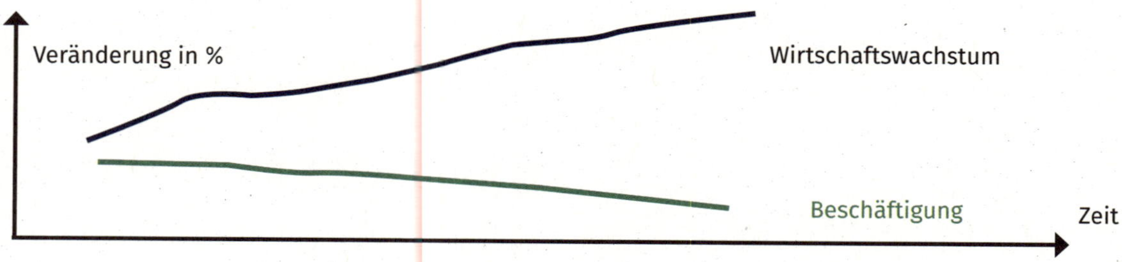

Beschreiben Sie die Entwicklung der beiden Größen. Wie kann der unterschiedliche Verlauf erklärt werden?

....

....

....

Lernsituation 6: Wird wirklich alles immer teurer? Sie als Verbraucher werden im Alltag immer wieder mit dieser Frage konfrontiert. Sie werden mit folgenden Aufgaben und Ihrem Schülerbuch in die Lage versetzt, eine Antwort auf diese Frage zu finden und dabei Zusammenhänge verstehen und analysieren. Dabei lernen Sie die Bedeutung konjunktureller Schwankungen und deren Auswirkungen auf Sie als Arbeitnehmer und Verbraucher kennen. Aber auch die Perspektive des Unternehmers und die des Staates gilt es einzunehmen. Ein Geldschein an sich hat keinen bedeutenden Wert. Der Wert des Geldes liegt in seiner Kaufkraft. Wie viel man für sein Geld bekommt, ist von den Preisen abhängig.

1. *Wie entwickelt sich die Kaufkraft des Geldes in Abhängigkeit von den Preisen? Ergänzen Sie die beiden Schaubilder.*

1.

Wenn das Preisniveau ……………… **dann** ……………… die Kaufkraft

Konsequenzen für den Verbraucher

……………………………………………………

……………………………………………………

……………………………………………………

2.

Wenn das Preisniveau ……………… **dann** ……………… ………………

Konsequenzen für den Verbraucher

……………………………………………………

……………………………………………………

……………………………………………………

2. *Im Schaubild ist die Entwicklung der Verbraucherpreise in Deutschland angegeben. Stellen Sie diese Entwicklung als Balkendiagramm dar.*

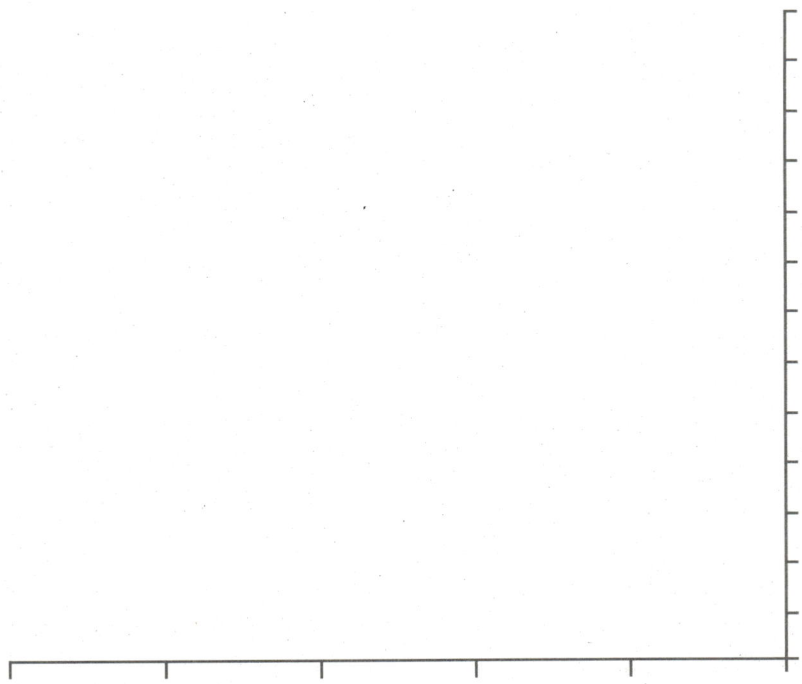

Name: …………………………………… Klasse: ………………… Datum: ………………

3. *Um den Verbraucherpreisindex zu berechnen, benötigt man als Grundlage ein Basisjahr und einen Warenkorb. Erklären Sie, was man jeweils darunter versteht.*

Basisjahr: ....

....

....

....

....

....

Warenkorb: ....

....

....

....

....

....

....

....

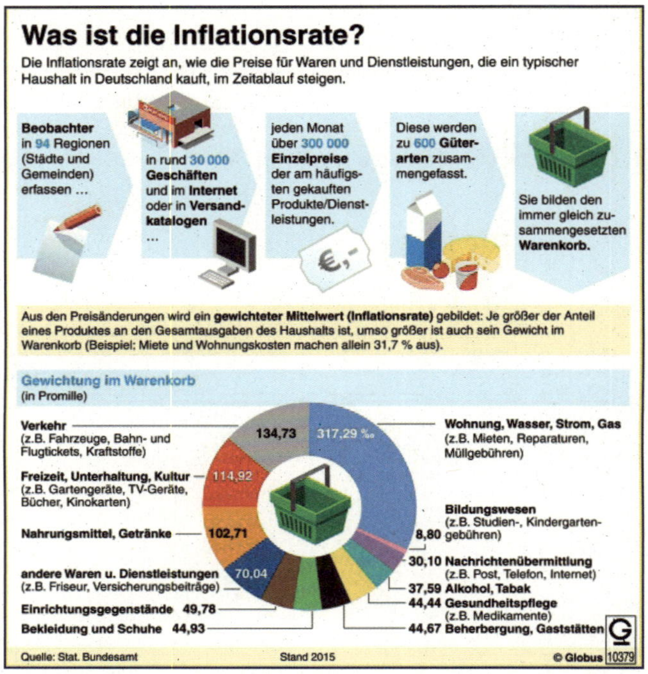

Unter Inflation versteht man den Kaufkraftverlust des Geldes durch steigende Preise. Sie kann unter anderem dadurch entstehen, dass die Nachfrage nach Gütern größer ist als das Angebot. Als Folge davon werden die Güter teurer. Mit anderen Worten: Die Preise steigen und gleichzeitig sinkt der Wert des Geldes.

4. *Eine Inflation ist ein dynamischer Prozess. Ergänzen Sie das Schaubild einer Lohn-Preis-Spirale.*

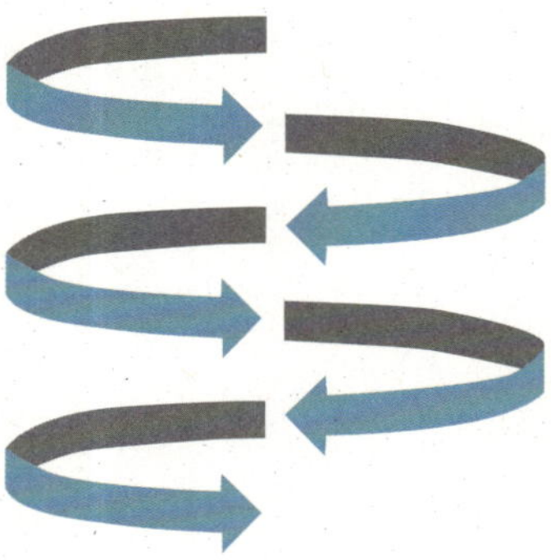

Steigende Preise führen zu Lohnerhöhungen.

....

....

....

....

5. *Welche Auswirkungen hat eine Inflation für Immobilienbesitzer und Rentner? Ergänzen Sie.*

Bevölkerungsgruppe	Immobilienbesitzer	Rentner
Auswirkung der Inflation	....	....

Die gesamtwirtschaftliche Entwicklung ist weltweit durch wellenförmige Auf- und Abwärtsbewegungen von unterschiedlicher Dauer gekennzeichnet. Als Konjunktur bezeichnet man die Gesamtsituation einer Volkswirtschaft. Sie leitet sich aus der gleichzeitigen Betrachtung verschiedener volkswirtschaftlicher Größen ab.

1. *Ergänzen Sie folgenden Text.*

Der wichtigste Indikator für die Konjunktur ist das ....

Es dient als Messgröße für die gesamtwirtschaftlichen Aktivitäten einer Volkswirtschaft.

Das BIP ist ....

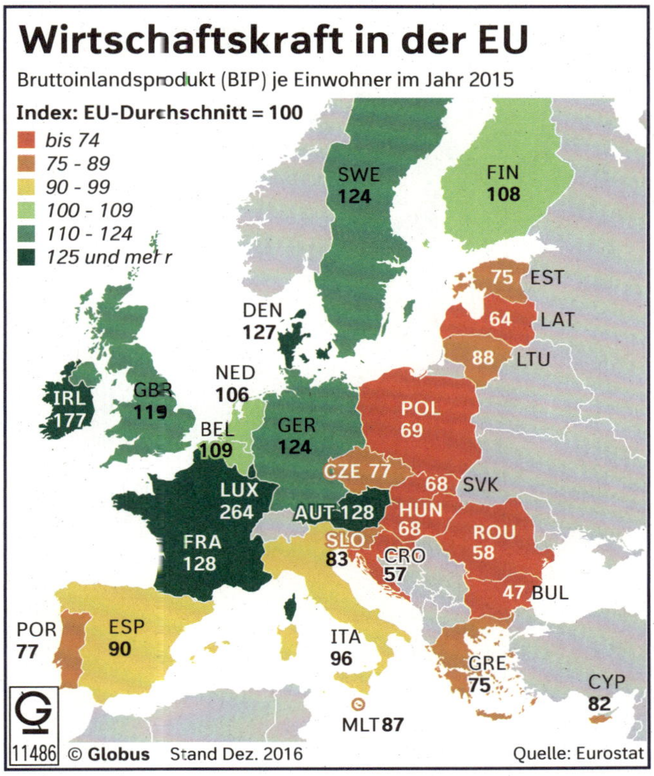

2. *Erläutern Sie den Unterschied zwischen dem nominalen und dem realen Bruttoinlandsprodukt.*

Nominal: ....

Real: ....

Die Entwicklung der Konjunktur

Reale Entwicklung der Wirtschaftsleistung (des Bruttoinlandsprodukts) in Deutschland (Index 1950 = 100)

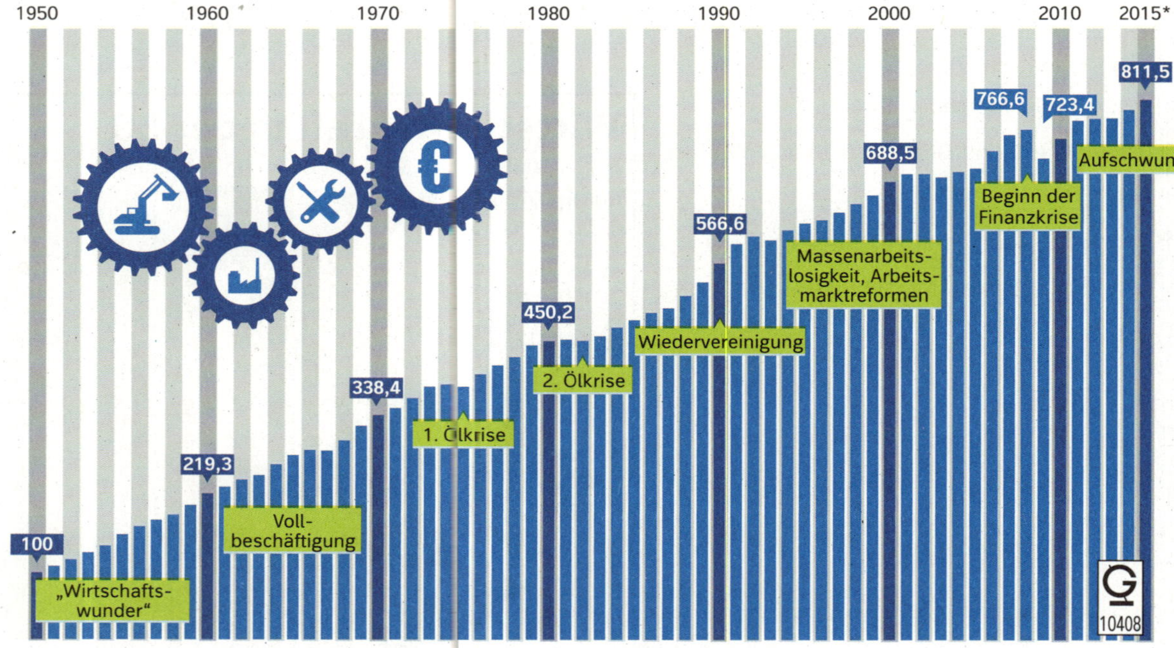

Quelle: Deutsche Bundesbank, ifo Institut, eigene Berechnungen bis 1990 nur Westdeutschland *ifo-Prognose © Globus

Markante konjunkturelle Ereignisse:

1951 – 1965: Wirtschaftswunderzeit

1967: 1. Tiefpunkt (Depression): Konsumgütermärkte sind zum ersten Mal nach dem 2. Weltkrieg gesättigt, bisherige Wirtschaftsraten gehen zurück

1969: 5. Hochpunkt (Boom): sog. Reisewelle

1975: 2. Tiefpunkt (Depression): erste Ölkrise, sprunghafter Anstieg der Inflation

1982: 3. Tiefpunkt (Depression): zweite Ölkrise

1993: 4. Tiefpunkt (Depression): Zusammenbruch der ostdeutschen Industrie

2003: 5. Tiefpunkt (Depression): Gründe: globale Wirtschaftslage, Terrorangst, Strukturkrise

2008: globale Banken- und Finanzkrise

1. *Welche Aussagen lassen sich zu den Veränderungen und der langfristigen Entwicklungen des BIP anhand der Grafiken machen? Gehen Sie dabei auch auf die wesentlichen Ereignisse ein, die für die Entwicklung ursächlich waren.*

Veränderung des BIP in Deutschland: ....

....

....

....

....

Langfristige Entwicklung des BIP in Deutschland: ....

....

....

....

 Name: .... Klasse: .... Datum: ....

1. *Ergänzen Sie den idealtypischen Konjunkturzyklus, indem Sie die Begriffe an der richtigen Stelle einsetzen.*

Boom (Hochkonjunktur) – Abschwung (Entspannung) – Rezession (Depression) – Aufschwung (Erholung) – Tiefpunkt – Hochpunkt – ↑ Löhne und Preise steigen – ↓ Löhne und Preise sinken – Saisonale Schwankungen – Beschäftigungszuwachs – Arbeitslosigkeit

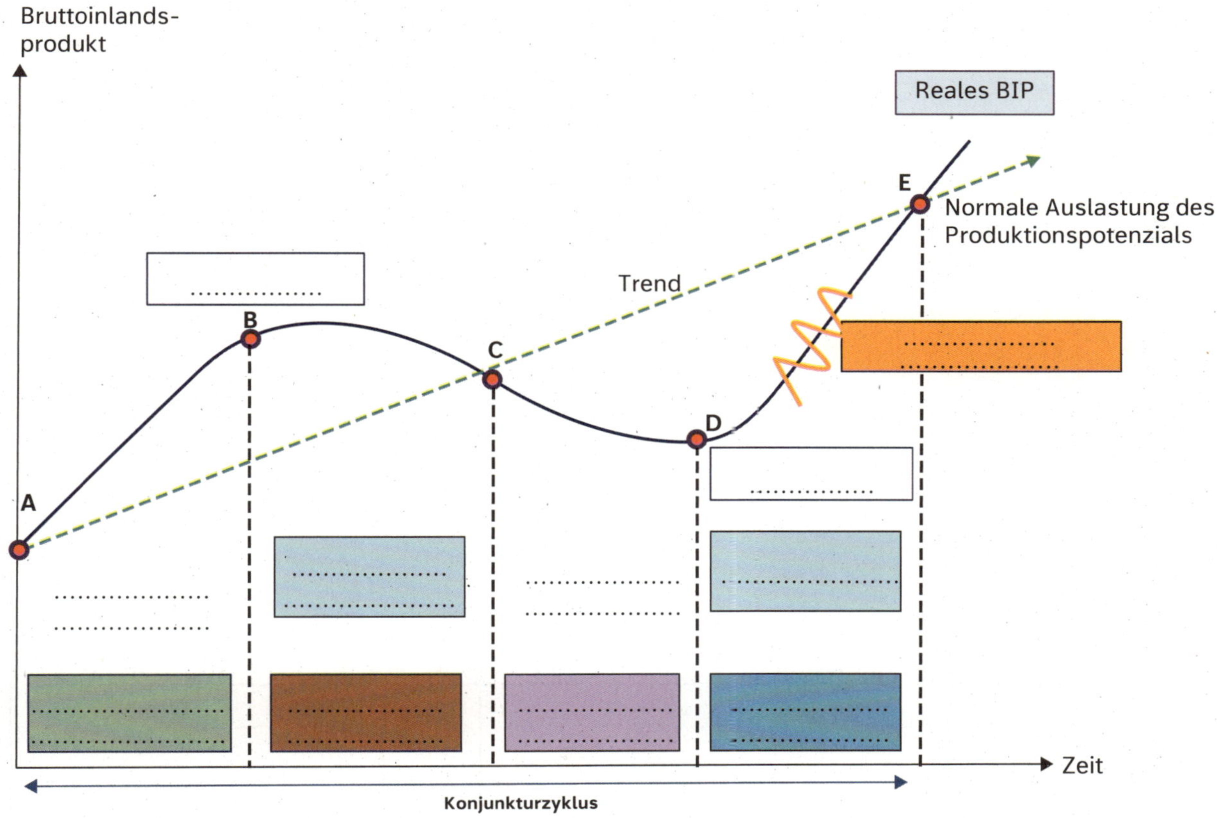

2. *An welcher Stelle des Konjunkturzyklus befindet sich Deutschland aktuell? Begründen Sie.*

....

....

....

....

....

....

....

....

....

....

....

....

Name: .... Klasse: .... Datum: ....

S. 300–3

1. *Erläutern Sie, weshalb eine Hochkonjunktur in einen Abschwung übergehen kann.*

....

....

....

....

....

....

....

....

2. *Sowohl Hochkonjunktur als auch Depression bringen erhebliche Probleme mit sich. Welche nachteiligen Folgen haben diese Phasen für Unternehmer, Arbeitnehmer und für den Staat?*

Nachteile für	Hochkonjunktur (Boom)	Krise (Depression)
Unternehmer	....	....
Arbeitnehmer/ Verbraucher	....	....
Staat	....	....

3. *Wie könnte sich die Konjunktur in Deutschland in den nächsten Monaten entwickeln? Begründen Sie Ihre Entscheidung.*

....

....

....

....

....

....

 Name: .... Klasse: .... Datum: ....

Prüfungsvorbereitung

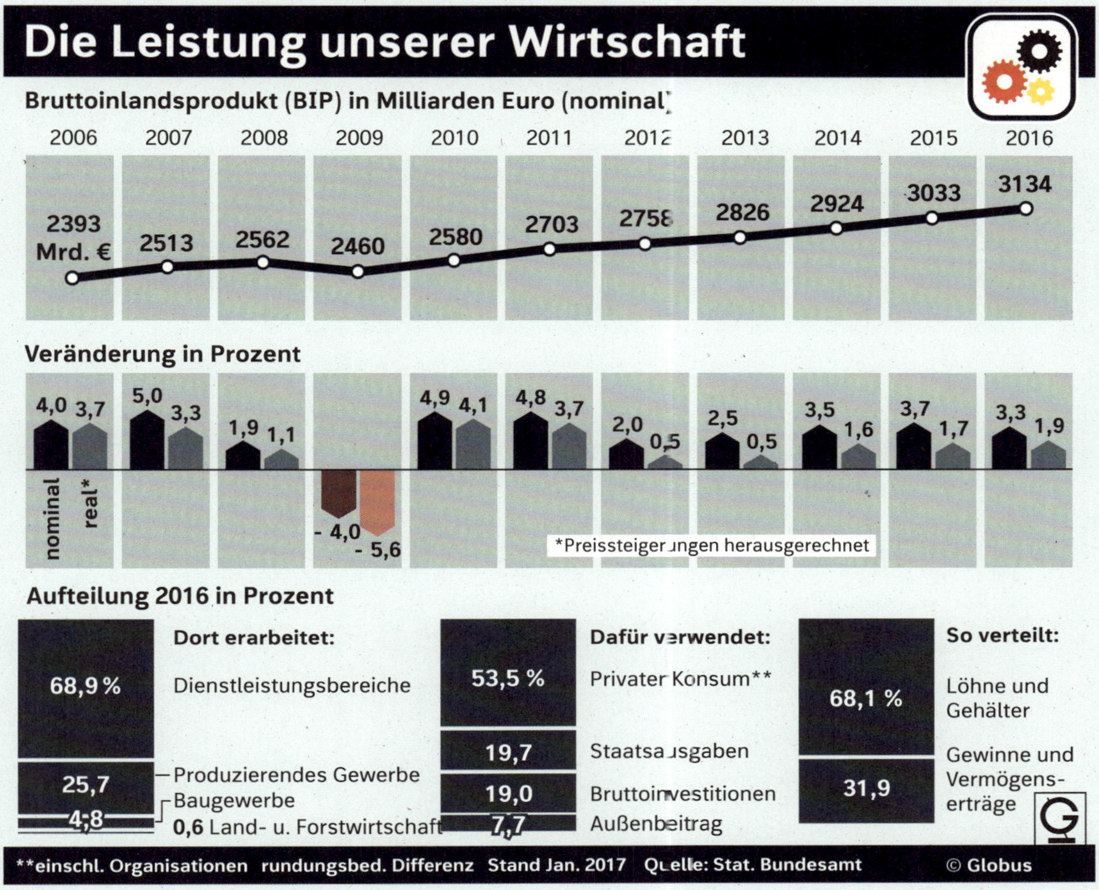

1. Beschreiben Sie die Grafik. Erläutern Sie den Konjunkturverlauf und die Aussagekraft des Bruttoinlandsprodukts.

2. Eine Ursache für den Konjunkturverlauf im Jahr 2009 liegt in der Nachfrageschwäche aus dem Euroraum und dem Rest der Welt.

Erläutern Sie die Auswirkungen für die deutsche Industrie und den Arbeitsmarkt.

3. Im Jahr 2016 haben sich die Einkommen in Deutschland gut entwickelt und die Menschen waren bereit, Geld auszugeben.

Beurteilen Sie diese Aussage hinsichtlich ihrer wirtschaftlicher Auswirkung.

4. Über die Lohnsteuer und die Höhe der Beitragssätze zu den Sozialversicherungen kann der Gesetzgeber (Staat) die Konjunktur beeinflussen.

Stellen Sie mögliche Auswirkungen einer Senkung des Beitragssatzes zur Rentenversicherung dar.

Name: .... Klasse: .... Datum: ....

Prüfungsvorbereitung

1. ....

2. ....

3. ....

4. ....

Name: .... Klasse: .... Datum: ....

Prüfungsvorbereitung

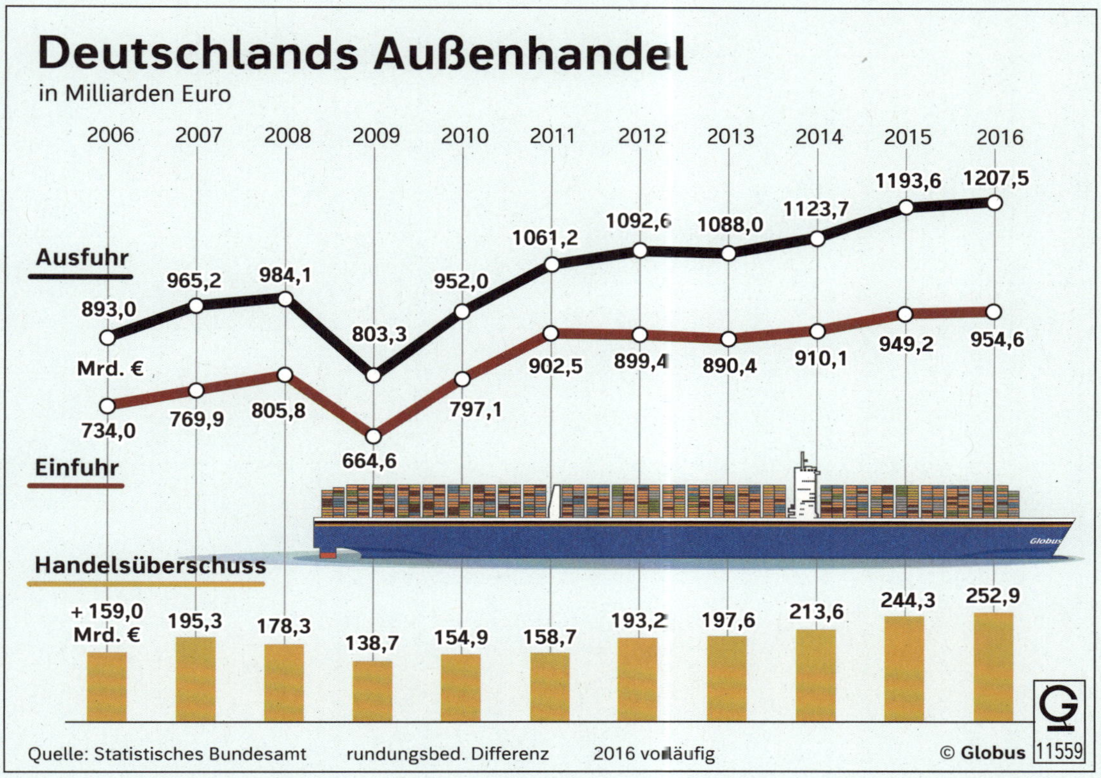

Deutschland hat dank des hohen Exportanteils die Krise im Jahr 2009 besser gemeistert als die übrigen EU-Länder. Deutschlands Außenhandel hat neue Rekordmarken erreicht. Mit Ausfuhren im Wert von rund 1.195,8 Milliarden € lagen die deutschen Exporte um 6,4 % über dem Vorjahresergebnis. Diese Entwicklung hält seit Jahren an. Auch die Haushalte sind in Kauflaune. Die Binnennachfrage hat zugenommen. Hinzu kommen sehr niedrige Inflationsraten.

1. Welche Konjunkturphase können Sie der beschriebenen Wirtschaftssituation zuordnen?

2. Skizzieren und beschreiben Sie einen Konjunkturzyklus.

3. Welche Maßnahmen kann der Staat (Gesetzgeber) ergreifen, um die Wirtschaft in konjunkturschwachen Zeiten zu unterstützen?

4. Erläutern Sie, wie die Inflationsrate bestimmt wird und was man unter dem Warenkorb versteht.

Name: .... Klasse: .... Datum: ....

Prüfungsvorbereitung

1.

2.

3.

4.

Lernsituation 7: Auch wenn Sie sich in Ihrer Ausbildung noch nicht unbedingt vorstellen können, beruflich selbständig zu sein – für einige von Ihnen wird sich diese Frage später einmal stellen. Haben Sie schon heute eine Geschäftsidee? Was müssen Sie alles beachten, damit Ihre Idee zum Erfolg wird? Wo bekommen Sie Hilfe bei der Beantwortung dieser und weiterer grundlegenden Fragen auf dem Weg zum Unternehmer? Im Schülerbuch finden Sie Informationen zur Bewältigung dieser Aufgaben.

Vom Nebenjob in die Selbstständigkeit

Es war richtig, mit einem mobilen Holzbackofen und Omas Rezept „Die Schwäbische Dinnete" gegen das Bratwurst-, Steak-, Pizza- und Dönerangebot auf Volksfesten anzutreten. Mit dem schmackhaften Imbiss wird das nostalgische Bedürfnis der Festbesucher bedient. Heute bin ich auf allen Festen der Region vertreten. Die Arbeit macht Spaß und ich will wirtschaftlich erfolgreich sein. Bei der Entscheidung zur Selbstständigkeit habe ich mich nicht überschätzt, meine kaufmännischen Kenntnisse waren gut, die Marktanalyse hat die Marktlücke aufgezeigt und meine Ersparnisse haben als Startkapital ausgereicht. Weitere Investitionen sind geplant. Eine Erfolgsgarantie bei der Unternehmensgründung gibt es nicht, aber überlegtes Vorgehen macht das Risiko kalkulierbar.

1. *Welche Geschäftsidee führte im oben stehenden Bericht in die Selbstständigkeit?*

   ....

2. *Welche Unternehmensziele werden angestrebt?*

   ....

3. *Wie wird die Gründungsperson beschrieben?*

   ....

4. *Wie wurde der Weg in die Selbstständigkeit vorbereitet?*

   ....

5. *Welche wesentlichen Voraussetzungen sollte die Gründerpersönlichkeit vorweisen können?*

   ....

6. *Nennen Sie Charaktereigenschaften, die die Gründerpersönlichkeit aufweisen sollte und beim Start in die Selbstständigkeit von Vorteil sind.*

   ....

   ....

7. *Welche Einflussgrößen sind bei der Standortwahl zu berücksichtigen? Ergänzen Sie die Übersicht.*

Standortwahl

Verkehrsanbindung:	**Kundennähe:** ....
Behördliche Auflagen:	**Konkurrenz:** ....
Arbeitskräfte:	**Immobilie – Größe und Art:** ....

S. 320–

Die Standortwahl ist ein Kompromiss zwischen Kostenminimum und Nutzenoptimum.

1. *Lilli R. sucht als Friseurmeisterin ein geeignetes Ladengeschäft. Es stehen die Standortalternativen I und II zur Verfügung. Ermitteln Sie mithilfe des Bewertungsbogens den optimalen Standort.*

Standortalternative	Standortalternative II
Das Ladengeschäft befindet sich in einer Kreisstadt mit 28 000 Einwohnern und liegt zentral dem Rathaus gegenüber in unmittelbarer Nähe zu einem Lebensmitteldiscounter. Rund ums Rathaus haben vier alteingesessene Handwerksmeister ihre Geschäfte. Renovierung und der Einbau von Toiletten kosten geschätzt 60.000,00 €; die erforderliche Renovierungszeit liegt bei ca. sechs Wochen. Die Pacht beträgt 1.800,00 € und schließt zwei weitere ausbaufähige Räume ein. Die Nebenkosten betragen ca. 800,00 €. Parkplätze stehen direkt vor dem Laden in ausreichender Anzahl zur Verfügung. Es gibt keine Bauauflagen.	Das Ladengeschäft befindet sich in einem Ort mit 8000 Einwohnern und zwei Friseurgeschäften. Die Entfernung zur Kreisstadt beträgt 19 km. Die Straße wurde vor zwei Jahren zur Fußgängerzone umgestaltet und es haben sich einige Geschäfte neu angesiedelt. Um die Ecke ist ein Fitnessstudio und gegenüber ein kleines Café. Die Miete beträgt 1.050,00 €, Nebenkosten ca. 600,00 €. Eine Erweiterung ist nur begrenzt möglich. Der Renovierungsaufwand ist gering und wird auf 10.000,00 € geschätzt. Ein öffentlicher Parkplatz liegt zehn Minuten entfernt. Werbung ist am Gebäude wegen behördlicher Auflage nur beschränkt möglich.

Standort-faktoren	**Bewertungsbogen** Maximale Punktzahlen P_{max} nach der Wichtigkeit der Standortfaktoren	P_{max}	**Alternative**	
			I	**II**
Kundennähe:	Gibt es ausreichend Kunden mit entsprechender Kaufkraft?	20	....	....
Konkurrenz:	Anzahl und Attraktivität der Konkurrenz	12	....	....
Kosten:	Höhe der Miete, Neben- und Energiekosten, Kaution, Steuern	18	....	....
	Umbau, Renovierung	8	....	....
Verkehrslage:	Erreichbarkeit für Kunden und Lieferanten, Anzahl der Parkplätze	12	....	....
Erweiterung:	Gibt es die Möglichkeiten weitere Räume zu nutzen?	10	....	....
Auflagen:	Behördliche Umwelt- und Bauvorschriften	6	....	....
Arbeitskräfte:	Anzahl vorhandener Fachkräfte, Lohnniveau	2	....	....
	Gesamtpunktzahl	88	....	....
Ergebnis:				

2. *Zeigen Sie die Vorzüge der unterschiedlichen Wege in die Selbstständigkeit auf.*

Betriebsneugründung: ....

....

Betriebsübernahme: ....

....

Kooperation: ....

....

....

 Name: .... Klasse: .... Datum: ....

1. *Franchise-Nehmer sind in der Konkursstatistik seltener zu finden als andere Existenzgründer. Erläutern Sie, was man unter Franchising versteht.*

....

....

2. *Das Franchising unterscheidet im Wesentlichen drei Franchising-Typen. Erläutern Sie die drei Franchising-Typen.*

Vertriebsfranchising: ....

....

Dienstleistungsfranchising: ....

....

Produktionsfranchising: ....

....

3. *Erläutern Sie die Vorteile für den Franchise-Nehmer?*

....

....

....

4. *Erläutern Sie die Anmeldepflicht für ein neugegründetes Gewerbe.*

Gewerbeamt: ....

Finanzamt: ....

Berufsgenossenschaft: ....

Handwerkskammer: ....

Industrie und Handelskammer: ....

Krankenkasse: ....

Arbeitsagentur: ....

Handelsregister: ....

5. *Meist ist eine umfassende Beratung vor, während und nach der Gründungsphase erforderlich. Ergänzen Sie.*

Einrichten der Buchführung – Finanzierungsfragen – Branchen- und Marktinformationen – Rechtsanwälte und Notare – Kreditinstitute

Die .... beraten vorwiegend in .... und verfügen über .... Um sich unliebsame Überraschungen zu ersparen, sind .... beim Erstellen von Verträgen erforderlich. Steuerberater unterstützen Existenzgründer beim .... und beraten in Steuerfragen.

S. 329–

Lernsituation 8: Bevor Sie den Weg in die Selbständigkeit wagen, müssen Sie sich Ihrer Ziele als Unternehmer klar bewusst werden. Welche Aspekte Sie dabei beachten sollten, erfahren Sie mithilfe Ihres Schülerbuches und der folgenden Aufgaben. Dies wird ebenfalls Einfluss auf Ihre spätere Entscheidung haben, welche Rechtsform Sie für Ihr Unternehmen wählen.

1. *Unternehmerischer Tätigkeit liegt das erwerbswirtschaftliche Prinzip zugrunde. Was versteht man unter dem erwerbswirtschaftlichen Prinzip?*

....

....

2. *Unternehmerische Tätigkeit ist aber auch nach dem ökonomischen Prinzip (Wirtschaftlichkeitsprinzip) auszurichten. Erläutern Sie das ökonomische Prinzip.*

....

....

....

3. *Ergänzen Sie.*

Um .... am Markt bestehen zu können, sind die Interessen der ....

und .... zu berücksichtigen. Ein angemessener .... ist

Voraussetzung zur Erfüllung der Ziele des Unternehmens.

4. *Erwerbswirtschaftliche Unternehmen verfolgen ein ganzes Zielbündel. Nennen Sie vier wesentliche Unternehmensziele erwerbswirtschaftlicher Unternehmen.*

....

....

....

....

5. *Ergänzen Sie.*

Öffentliche Unternehmen, sogenannte Wirtschaftsbetriebe der ...., sind nach dem

.... ausgerichtet. Sie sind im Bereich der ....

angesiedelt.

6. *Ordnen Sie den genannten Unternehmungen durch Ankreuzen die entsprechende Unternehmensart und das prägende Unternehmensziel zu.*

Unternehmungen	e U	ö U	G_{max}	Bd
Straßenmeisterei				
Discounter				
Baumaschinenhersteller				
Kreiskrankenhaus				
Taxiunternehmung				
Städtischer Nahverkehrsbetrieb				
Bundeswehrkrankenhaus				
Handwerksbetrieb				
Textilfachgeschäft				

Legende:

e U = erwerbswirtschaftliches Unternehmen

ö U = öffentliches Unternehmen

G_{max} = Gewinnmaximierung

Bd = Bedarfsdeckung

 Name: .... Klasse: .... Datum: ....

Lernsituation 9: Nachdem Sie sich mit den Zielen Ihres Unternehmens auseinandergesetzt haben, vergleichen Sie die möglichen Rechtsformen und prüfen, welche Rechtsform für Ihr Unternehmen am geeignetsten erscheint. Dabei berücksichtigen Sie Ihre persönlichen Voraussetzungen und die Ziele Ihres zu gründenden Unternehmens. Die Fachinformationen dazu finden Sie auf den angegebenen Seiten im Schülerbuch.

1. *Mit der Unternehmensgründung stellt sich die Frage nach der richtigen Rechtsform. Ergänzen Sie.*

Die .... des Unternehmens schafft die finanziellen, steuerlichen und rechtlichen .... des Unternehmens. Die Rechtsformen lassen sich in .... und .... einteilen.

2. *Ergänzen Sie die Übersicht mithilfe der Begriffen bzw. deren Abkürzungen.*

Gesellschaft des bürgerlichen Rechts – Haftungsbeschränkte Unternehmergesellschaft – Aktiengesellschaft – Offene Handelsgesellschaft – Gesellschaft mit beschränkter Haftung – Kommanditgesellschaft

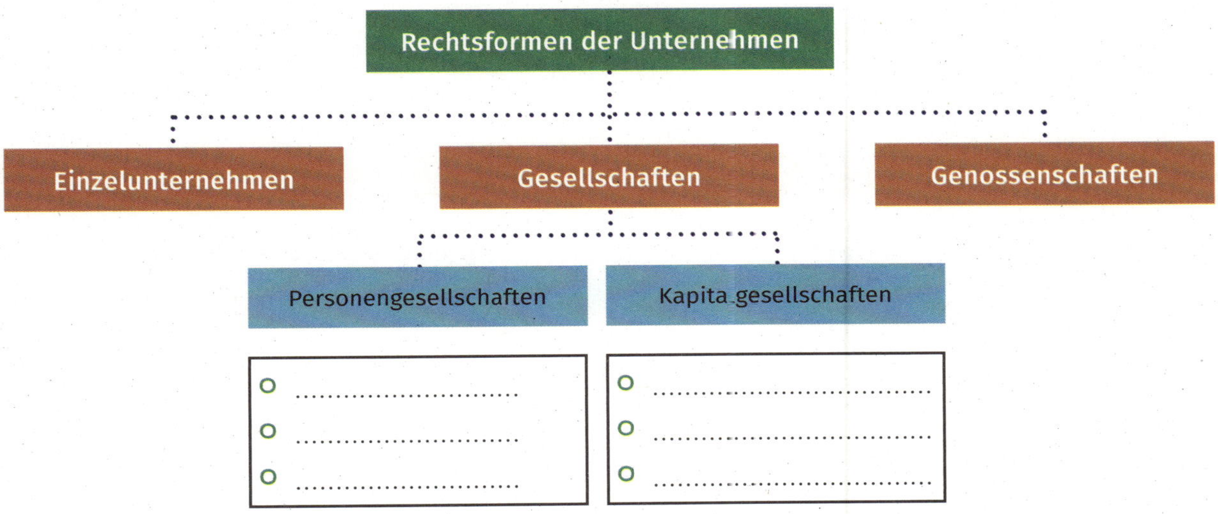

3. *Die Rechtsform des Unternehmens legt fest, in welchem Rahmen der bzw. die Eigentümer unternehmerische Entscheidungen treffen können. Fügen Sie folgende Begriffe ein.*

Kreditwürdigkeit – Gründungskapital – Haftungsumfang – Gewinn – Schulden – Geschäftsführung – Steuern

Die Rechtsform legt fest,

- wer zur .... berechtigt ist,
- wer das erforderliche .... aufbringt,
- wer für die .... des Unternehmens haftet,
- wie groß die .... ist,
- wie groß der .... der/des Eigentümer(s) ist,
- wem der .... zusteht,
- welche .... zu zahlen sind.

4. *Erläutern Sie, was man unter der Vertretungsbefugnis versteht.*

....

....

S. 330–

Einzelunternehmen dominieren Handwerk, Landwirtschaft und Handel

Die immer noch beliebteste, einfachste und schnellste Form bei dem Weg in die Selbstständigkeit ist die Gründung eines Einzelunternehmens. Der Wunsch nach Selbstbestimmtheit und Freiheit ist dabei meist größer als zum Beispiel das Risiko der persönlichen Haftung. Marktnischen abdecken, eine innovative Idee in einem Start-up umsetzen – der Traum vieler angehender Jungunternehmer.

1. *Erläutern Sie die wesentlichen Merkmale der Einzelunternehmung bezüglich Geschäftsführung, Haftung, Kreditwürdigkeit, Gewinn und Firmenname.*

Geschäftsführung und Vertretungsbefugnis: ....

Haftung: ....

Kreditwürdigkeit: ....

Gewinn: ....

Firmenname: ....

....

2. *Nennen Sie stichwortartig die Vor- und Nachteile der Einzelunternehmung.*

Vorteile der Einzelunternehmung	Nachteile der Einzelunternehmung
o	o ....
o	o ....
o	o ....
o	o ....

3. *Welche Gründe könnten einen Einzelunternehmer veranlassen, sein Unternehmen in eine Personen- bzw. Kapitalgesellschaft umzuwandeln?*

....

....

....

 Name: .... Klasse: .... Datum: ....

„Die Friseurmeisterin und bisherige Einzelunternehmerin Esma B. will ihr Geschäft erweitern und gründet deshalb mit Yannik M. und Ozan K. die „Haar-Punkt GbR“. Die Wahl der Rechtsform fiel auf die Gesellschaft bürgerlichen Rechts, weil die Gründung formlos erfolgen kann und nicht zwingend einen Gesellschaftervertrag vorschreibt. Als Rechtgrundlage dient das BGB (GbR auch BGB-Gesellschaft).“

1. *Die Gründung der „Haar-Punkt GbR“ erfolgte ohne Gesellschaftervertrag. Erläutern Sie in der nachfolgenden Übersicht, welche Befugnisse die Friseurmeisterin als bisherige Einzelunternehmerin an ihre Partner abtritt. Welche Vorteile ergeben sich im Gegenzug aus der GbR?*

Haar-Punkt GbR
Geschäftsführung und Vertretungsbefugnis
....
....
....
Haftungsumfang der Partner
....
....
Gewinnverteilung
....
....
Gründungskapital
....
....
Eintrag in das Handelsregister
....
....
Vorteile
....
....

2. *Einer der Gesellschafter erfährt aus der Tageszeitung von der Insolvenz eines Mitanbieters und kauft günstig aus der Zwangsversteigerung Kleingeräte und Einrichtungsgegenstände für die Haar-Punkt GbR. Erläutern Sie, ob die übrigen Gesellschafter an den Kaufvertrag aus der Zwangsversteigerung gebunden sind.*

....

....

....

Die Haar-Punkt GbR ist sehr erfolgreich, weitere Mitarbeiter wurden eingestellt und der Jahresumsatz wächst auf über 250.000,00 € an. Das HGB schreibt vor, dass in diesem Fall die GbR in eine OHG umgewandelt und in das Handelsregister eingetragen werden muss.

1. *Erläutern Sie in der nachfolgenden Übersicht, wie sich die Befugnisse der Gesellschafter bei der Umwandlung der GbR in eine OHG ändern. Welche Vorteile ergeben sich aus der OHG?*

Haar-Punkt OHG
Gründung der OHG
....
....
Rechtsgrundlage
....
....
Geschäftsführung
....
....
Haftung
....
....
Gewinn
....
....
Vorteile
....
....

2. *Esma B., Yannik M. und Ozan K. sind Gesellschafter der Haar-Punkt OHG, die kurzfristig in Zahlungsschwierigkeiten ist. Müllerbach e. K. hat gegenüber der OHG aus einer Warenlieferung Forderungen in Höhe von 6.000,00 €. Er trifft Esma B. bei einem Besuch an und fordert von ihr die Bezahlung der offenen Rechnung. Beurteilen und begründen Sie die Rechtslage.*

1. Muss Esma B. zahlen?

....

....

2. Esma B. hat bezahlt. Hat sie Ausgleichsansprüche gegenüber Yannik M. und Ozan K. von je 2.000,00 €?

....

....

....

Name: .... Klasse: .... Datum: ....

1. *Die Kommanditgesellschaft (KG) ähnelt weitgehend der OHG. Zeigen Sie in der Übersicht die wesentlichen Unterschiede der KG gegenüber der OHG auf.*

Kommanditgesellschaft (KG)	
Gesellschafter, Geschäftsführung, Haftungsumfang	
Komplementär	**Kommanditist**
....	....
....	....
....	....
....	....
Gewinnverteilung	
....	
....	
Firmenname	
....	
....	
Rechtsfähigkeit, Handelsregister	
....	
....	

2. *Die richtige Unternehmensrechtsform gibt es nicht. Jede Rechtsform hat Vor- und Nachteile. Ergänzen Sie den Lückentext mit folgenden Begriffen:*

Vertrauen – Mindestkapital – Kapitalbasis – Kommanditisten – Kapitaleinlagen – unbeschränkte – Komplementär – Mitspracherecht

Die Personengesellschaft hat gegenüber der Einzelunternehmung durch die .... der Gesellschafter eine größere .... Zur Gründung ist kein .... vorgeschrieben. Bei der KG haften die .... nur mit ihren Einlagen. Der .... hat in der KG einen großen Entscheidungs- und Gestaltungsspielraum. Nachteilig bei der KG ist die .... Haftung des Komplementärs. In der KG haben die Kommanditisten kein .... Bei den Personengesellschaften ist zwischen den Gesellschaftern großes .... erforderlich.

3. *Im Gegensatz zu den Personengesellschaften sind die Kapitalgesellschaften unabhängig von der Persönlichkeit der Gesellschafter und deren Mitarbeit im Unternehmen ist nicht erforderlich. Nennen Sie die wesentlichen Kapitalgesellschaften und deren Abkürzungen.*

....

....

....

S. 33

Trotz ihrer hohen Kreditwürdigkeit ist der jeweilige Haftungsumfang der Firmeninhaber bei den Personengesellschaften von großem Nachteil. Haftungsbeschränkung und Kapitalbedarf prägen die Kapitalgesellschaften.

1. *Zeigen Sie in der Übersicht die wesentlichen Grundzüge der GmbH auf.*

Gesellschaft mit beschränkter Haftung (GmbH)	
Rechtsfähigkeit	
....	
Gründungsbedingungen	
Stammkapital:	
Anzahl der Gründungspersonen:	
Gesellschaftsvertrag:	
Anteil am Stammkapital:	
Haftung der Gesellschafter	**Haftung der GmbH**
....	....
Geschäftsführung	**Kontrollgremium**
....	....
Firmenname	
....	
Vorteile	
....	
....	

2. *Eine beliebte Rechtsform ist die GmbH & Co. KG. Erläutern Sie die Sonderform der KG.*

....

....

3. *Begründen Sie die Existenzgründerfreundlichkeit der UG (haftungsbeschränkt)?*

....

....

4. *Erläutern Sie die Rechtsform der Aktiengesellschaft.*

....

Name: .... Klasse: .... Datum: ....

1. *Erläutern Sie an einem Beispiel (z. B. aus ihrer Heimatgemeinde), dass öffentliche Unternehmen nach dem Bedarfs- und Kostendeckungsprinzip wirtschaften.*

....

....

....

....

....

....

....

2. *Gemessen am wirtschaftlichen Erfolg wird die Privatisierung öffentlicher Unternehmen gefordert und einige öffentliche Unternehmen, z. B. die Bahn und Energieerzeuger, sind bereits privatisiert worden. Setzen Sie sich mit diesem Sachverhalt auseinander und nehmen Sie dazu Stellung.*

....

....

....

....

....

....

3. *Ergänzen Sie.*

Bei den Genossenschaften steht nicht die .... im Vordergrund, sondern die gemeinsame .... ihrer Mitglieder. Sie sind als gemeinschaftliche Selbsthilfe ein .... ausgerichtetes Unternehmen.

4. *Beschreiben Sie die kennzeichnenden Merkmale der Genossenschaft. Ergänzen Sie.*

Die Genossenschaft ist eine Personenvereinigung mit ....

Mindestzahl der Gründungsmitglieder: ....

Ihre Mitglieder werden bezeichnet als: ....

Die Mitglieder sind am Grundkapital beteiligt mit ihren ....

Die Haftung beschränkt sich i. d. R. auf ....

Alle Genossen sind unabhängig von ihrer Kapitaleinlage ....

5. *Nennen Sie die wesentlichen Aufgaben der Organe einer Genossenschaft.*

Generalversammlung: ....

Aufsichtsrat: ....

Vorstand: ....

Name: .... Klasse: .... Datum: ....

1. *Um ein Unternehmen zum wirtschaftlichen Erfolg zu führen, reicht Werbung nicht aus. Es ist ein erfolgreiches Marketing erforderlich. Nennen Sie die vier wesentlichen Instrumente des Marketing-Mix.*

....

....

....

....

2. *Erläutern Sie die Ziele des Marketings.*

....

....

....

3. *Beschreiben Sie die Aufgaben der Marktforschung.*

....

....

....

....

4. *Erläutern Sie die Ziele der Werbung.*

....

....

5. *Was versteht man unter einem Werbeplan?*

....

....

....

6. *Begründen Sie, weshalb im Handwerk und Handel Kundendienst und Kundenberatung erfolgsversprechende Marketinginstrumente sind.*

....

....

....

....

7. *Erläutern Sie, warum Ökomarketing und Qualitätssicherung wesentliche Marketinginstrumente sind.*

....

....

....

....

Name: .... Klasse: .... Datum: ....

Lernsituation 10: Wenn Sie ein Unternehmen gründen, müssen Sie zunächst einmal Geld in Ihr Vorhaben investieren. Dabei werden Sie sich die Frage stellen, wie viel Sie in Ihr Unternehmen investieren müssen. Im Rahmen einer sogenannten Kapitalbedarfsplanung gewinnen Sie einen Überblick zu diesem vielleicht wichtigsten Schritt in die berufliche Selbständigkeit. Auch dafür gibt Ihnen Ihr Schülerbuch Information und hilft Ihnen bei der Beantwortung verschiedener nachfolgender Fragestellungen.

1. *Ob Autokauf, Unternehmensgründung oder der Ausbau eines bestehenden Unternehmens, jede Investition muss finanziert werden. Die Statistik zeigt, dass Finanzierungsfehler die häufigste Ursache für den Weg in die Krise sind. Welche Finanzierungsfehler können die Ursache für auftretende Probleme sein?*

....

....

2. *Der dargestellte Kapitalbedarfsplan zeigt die wesentlichen Posten, die für Umbaumaßnahmen, Büro- und Geschäftsausstattung, Computer, Maschinen, Geräte und Verbrauchsmaterial benötigt werden.*
Nennen und erläutern Sie im Finanzierungsplan Finanzierungsmöglichkeiten.

Kapitalbedarf	Finanzierungsplan – mögliche Finanzquellen
✓ Investitionen ✓ Gründungsnebenkosten ✓ Betriebsmittel ✓ Sicherung der privaten Lebenshaltung	o .... o .... o .... o .... o ....
Summe: 250.000,00 €	**Summe: 250.000,00 €**

3. *Erläutern Sie die Notwendigkeit von ausreichendem Eigenkapital bezüglich Sicherheit, Unabhängigkeit und Vertrauen.*

Sicherheit: ....

....

Unabhängigkeit: ....

....

Vertrauen: ....

....

4. *Die Eigenkapitalquote soll 20 % betragen. Erläutern Sie an einem frei gewählten Beispiel, was man unter der Eigenkapitalquote versteht.*

....

....

....

Name: .... Klasse: .... Datum: ....

Die Überlebenschance einer Unternehmung hängt von einer soliden Finanzierung ab. In der Gründungsplanung ist der erforderliche Kapitalbedarf besonders gründlich zu erfassen. Der Kapitalbedarf für eine Unternehmensgründung ist der Geldbetrag, der zum Zeitpunkt der Betriebsaufnahme zur Verfügung stehen muss. Dazu stehen dem Existenzgründer die eigenen Geldmittel (Eigenkapital) oder Fremdkapital, z. B. Darlehen, Kredite von Banken oder öffentliche Fördermittel, zur Verfügung.

1. *Überlegen Sie, welche Finanzierungsfehler bei einer Unternehmensgründung auftreten können?*

....

....

....

Kredite werden nach ihrer Laufzeit in kurz-, mittel- und langfristiges Fremdkapital unterschieden (≤ 6 Monate, < 5 Jahre, > 5 Jahre).

- Der **Kontokorrentkredit** ist ein kurzfristiger Überziehungskredit für das Geschäftskonto, über das alle laufenden Zahlungen abgewickelt werden.
- Der **Lieferantenkredit** entsteht dadurch, dass der Kunde das eingeräumte Zahlungsziel ausnutzt und auf den Skontoabzug verzichtet.
- Das **Darlehen** ist ein Kreditvertrag mit vereinbarter Laufzeit, Zinshöhe und Auszahlungssumme mit Rückzahlung in Raten oder Zahlung der Gesamtsumme am Ende.

  Darlehensarten sind:
  - **Fälligkeitsdarlehen**: In regelmäßigen Abständen (monatlich, vierteljährlich, jährlich) werden während der Laufzeit lediglich die Zinsen entrichtet. Die Darlehenssumme muss am vereinbarten Fälligkeitstag zurückgezahlt werden.
  - **Kündigungsdarlehen**: Dabei ist kein Rückzahlungstermin vereinbart, und während der Laufzeit werden nur Zinsen entrichtet. Erst nach einer Kündigung des Gläubigers (Darlehensgeber) oder des Schuldners (Darlehensnehmer) wird die Rückzahlung fällig. Die Kündigung kann jederzeit vom Darlehensgeber oder Darlehensnehmer ganz oder teilweise erfolgen.
  - **Annuitätendarlehen**: Die Rückzahlungsraten aus Zins und Tilgungsanteil nennt man Annuität. Sie ist über die gesamte Laufzeit konstant. Zunächst ist der Zinsanteil hoch und die Tilgung gering. Im Laufe der Zeit dreht sich das Verhältnis um.
  - **Abzahlungsdarlehen**: Hierbei bleibt der Tilgungsanteil unverändert (konstant). Die laufenden Zahlungen sinken, weil die Zinslast wegen der abnehmenden Restschuld geringer wird. Tilgungs- und Zinsanteil ergeben eine variable Annuität.

2. *Erläutern Sie die genannten Fremdkapitalarten.*

Kontokorrentkredit: ....

Darlehen: ....

3. *Kreditinstitute greifen bei der Kreditvergabe auf die Spareinlagen ihrer Kunden zurück. Dies erfordert ein Höchstmaß an Absicherung. Benennen Sie für die dargestellten Beispiele die jeweilige Kreditabsicherungsart.*

Beispiel	Kreditabsicherung durch
Die Eltern von Petra B. verpflichten sich, notfalls die Darlehensraten zu übernehmen.	....
Um einen Kredit abzusichern, räumt Sabine K. der Bank ein Pfandrecht auf ihre Eigentumswohnung ein.	....
Paul M. kann das Fahrzeug nutzen, aber bis zur vollständigen Tilgung des Kredits liegt der Kfz-Brief bei der Hausbank.	....

 Name: .... Klasse: .... Datum: ....

1. *Viele Firmen nutzen die Vorteile der Finanzierung durch Leasing. Ergänzen Sie die folgenden Begriffe.*

Leasingvertrag – Leasingrate – Kaufoption – Mieten – Gebrauch – Pachten – Leasinggeber – Leasingnehmer

Das Leasing ist vergleichbar mit dem .... oder .... Dem .... wird vom .... gegen eine .... der langfristige .... einer Sache gestattet, die nach der im .... vereinbarten Zeit zurückgegeben werden muss. Manche Leasingverträge räumen eine .... ein.

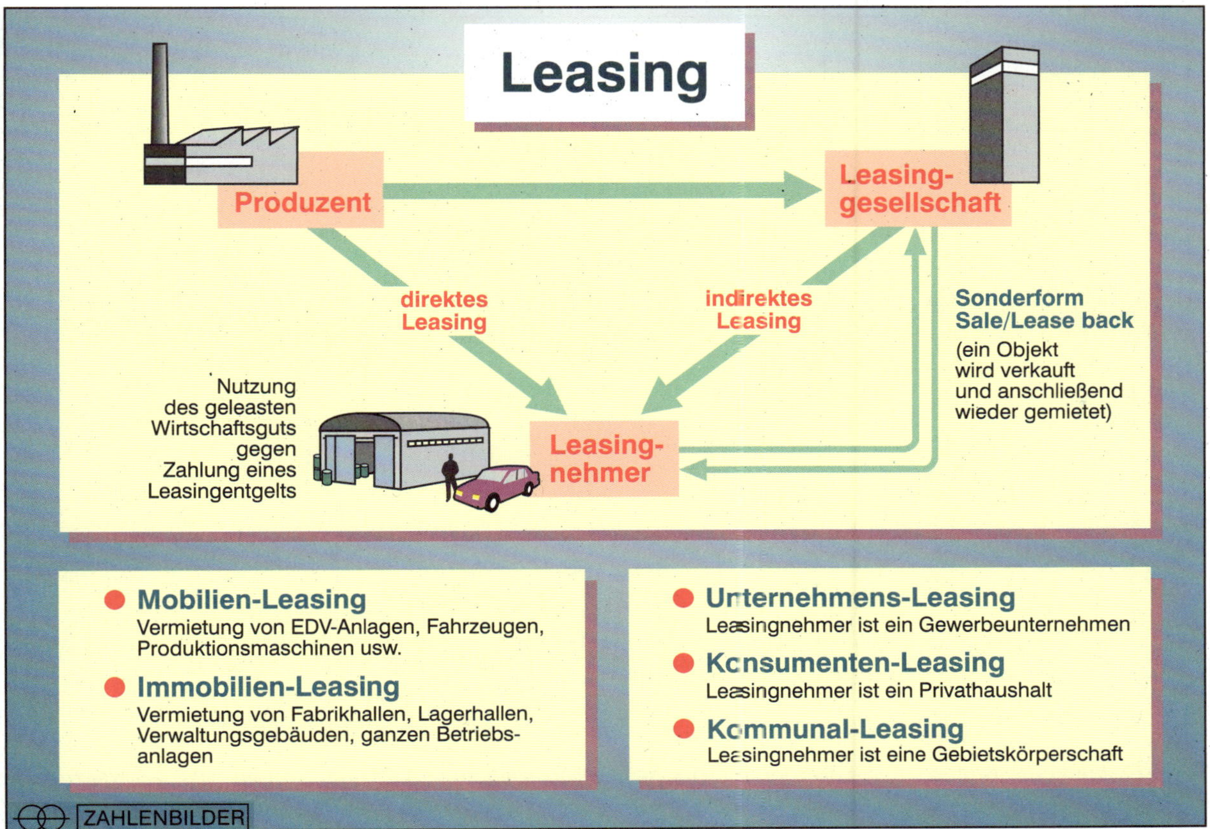

464 010 © Bergmoser + Höller Verlag AG

2. *Erläutern Sie anhand der Grafik die Leasingarten.*

Direktes Leasing: ....

....

Indirektes Leasing: ....

....

3. *Überlegen Sie sich die Vorteile bei der Finanzierung durch das Leasing.*

....

....

....

....

Name: .... Klasse: .... Datum: ....

S. 349

1. *Ordnen Sie den betrieblichen Kosten die Kostenarten „fixe Kosten“ oder „variable Kosten“ zu. Erläutern Sie diese Kostenarten.*

Betrieblicher Kosten	Kostenart	Definition
Miete/Pacht, Zinsen, Steuern, Abschreibungen (Gegenwert für den Wertverlust)		
Materialverbrauch, Fertigungslöhne		

2. *Die Gesamtkosten setzen sich aus den fixen und variablen Kosten zusammen. Tragen Sie die fixen und variablen Kosten sowie die Gesamtkosten in die Diagramme (Koordinatensysteme) ein.*

Fixe Kosten und Mengen

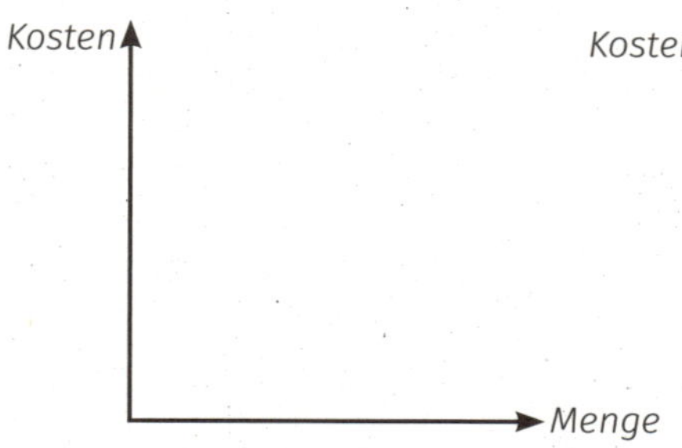

variable Kosten und Mengen

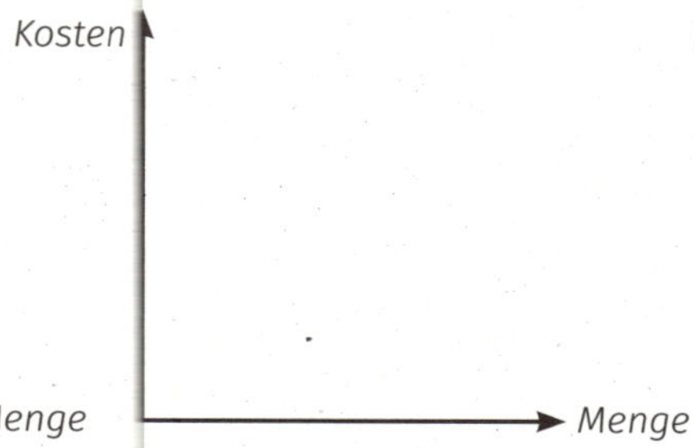

Gesamtkosten und Mengen

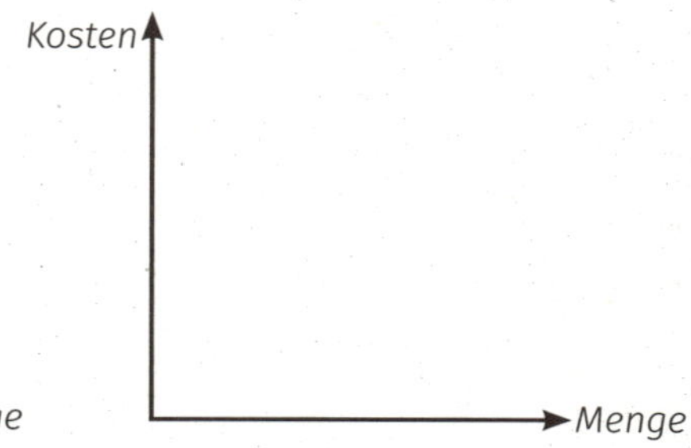

3. *In einem Unternehmen betragen die fixen Kosten monatlich 32.000,00 €. Die variablen Kosten betragen 1,20 € je hergestelltes Stück. Berechnen Sie mithilfe der Tabelle die monatlichen variablen Kosten, die Gesamtkosten und die Stückkosten bei verschiedenen Produktionsmengen.*

Produktionsmenge	Fixe Kosten	Variable Kosten	Gesamtkosten	Stückkosten
0	32.000,00	0,00	32.000,00	
1000		1.200,00	33.200,00	33,20
2000				
3000				
4000				
5000				

4. *Formulieren Sie Ihre Erkenntnisse aus der Entwicklung der Stückkosten. Begründen Sie das Gesetz der Massenproduktion.*

Neben der Einteilung der betrieblichen Kosten in fixe und variable Kosten lassen sich die Kosten auch nach ihrer Zurechenbarkeit zur einzelnen betrieblichen Leistung in Einzel- und Gemeinkosten unterteilen.

1. *Für einen Reparaturauftrag sind Ersatzteile für 240,00 € erforderlich. Für den Einbau braucht der Geselle mit Unterstützung des Auszubildenden 2,5 Stunden; Verrechnungssätze: Geselle 25,20 €/Stunde, Auszubildender 10,50 €/Stunde. Für die Ausführung der Reparatur werden die betrieblichen Kleingeräte, Werkzeuge und Anlagen benutzt. Neben seiner Verwaltungstätigkeit nimmt der Meister Aufträge entgegen, berät die Kunden und verteilt die Arbeitsaufträge auf die Mitarbeiter. Die Rechnungen werden im Büro geschrieben, Löhne rechnet das Lohnbüro ab. Sortieren Sie die Kosten in Einzel- und Gemeinkosten.*

Einzelkosten: ....

....

....

Gemeinkosten: ....

....

2. *Mit der Kostenträgerrechnung wird ermittelt, welche Kosten für das einzelne Erzeugnis (Kostenträger) bzw. die einzelne Dienstleistung entstanden sind. Ergänzen Sie die fehlenden Begriffe.*

indirekt – Materialkosten – Gemeinkosten – direkt – Fertigungslohnkosten – Gemeinkostenzuschläge

.... und .... können dem einzelnen Erzeugnis (Kostenträger) .... zugerechnet werden. Die .... wie beispielsweise Miete, Verwaltungskosten, Zinsen können den Erzeugnissen nur .... über .... zugerechnet werden.

3. *Die Selbstkosten bilden die Grundlage bei der Preisfindung. Nennen Sie drei Kalkulationsarten zur Ermittlung der Selbstkosten.*

Divisionskalkulation, ...

4. *Die Divisionskalkulation eignet sich für Betriebe, die ein einheitliches Produkt herstellen. Bei der Herstellung einer Produktionsmenge von 80 000 Stück ergaben sich Herstellkosten in Höhe von 480.000,00 €. Beim Vertrieb der Produktionsmenge von 60 000 Stück entstanden Kosten in Höhe von 120.000,00 €. Ermitteln Sie mithilfe der Divisionskalkulation die Selbstkosten.*

$$\text{Selbstkosten} = \frac{\text{Herstellkosten}}{\text{Produktionsmenge}} + \frac{\text{Vertriebskosten}}{\text{Vertriebsmenge}}$$

$$\text{Selbstkosten} = \frac{\dots\dots}{\dots\dots} \;\dots\; \frac{\dots\dots}{\dots\dots} \;\dots\; \dots\dots\dots\dots$$

S. 353

1. *In einem Handwerksbetrieb betrugen im zurückliegenden Geschäftsjahr die Gemeinkosten 236.250,00 €. Im selben Jahr wurden Löhne in Höhe von 175.000,00 € ausgezahlt. Welchen Gemeinkostenzuschlag in % muss der Handwerksbetrieb im Folgejahr bei der Selbstkostenkalkulation berechnen?*

$$\text{Gemeinkostenzuschlag} = \frac{\text{Gemeinkosten * 100 \%}}{\text{Lohnkosten}} = \frac{\text{.................................}}{\text{.................................}} \text{ ....}$$

2. *Ein Malermeister kalkuliert für ein Auftragsangebot mit Materialkosten von 420,00 €, 12 Meisterstunden je 34,00 €, 22 Gesellenstunden je 20,50 € und 8 Stunden für den Auszubildenden mit 9,50 €. Für Gemeinkosten hat er einen Zuschlag von 135 % ermittelt. Ermitteln Sie mithilfe der einfachen Zuschlagskalkulation die Selbstkosten für den Auftrag.*

Materialkosten		....
Meister	....	....
Geselle	....	....
Azubi	....	....
+ Lohnkosten		....
+ Gemeinkosten		....
Selbstkosten		....

3. *Die Geräte GmbH stellt Küchenwaagen her. Für die Kalkulation wurden mithilfe des Betriebsabrechnungsbogens (BAB) die Gemeinkosten in den vier Hauptkostenstellen ermittelt. Für die Marktpreisfindung sollen die Selbstkosten mit der erweiterten Zuschlagskalkulation ermittelt werden. Materialverbrauch pro Waage 14,00 €, Fertigungslöhne 8,00 €/Waage; Gemeinkostenzuschläge Material 12 %, Fertigung 145 %, Verwaltung 6 % und Vertrieb 4 %.*

Kalkulationsschema der erweiterten Zuschlagskalkulation			
Fertigungsmaterial			....
+ Materialgemeinkosten		....	....
= Materialkosten			....
Fertigungslöhne			....
+ Fertigungsgemeinkosten		....	....
+ Fertigungskosten			....
Herstellkosten = Materialkosten + Fertigungskosten			....
+ Verwaltungsgemeinkosten	.... % v. Herstellkosten		....
+ Vertriebsgemeinkosten	.... % v. Herstellkosten		....
= Selbstkostenkalkulation für eine Küchenwaage			....

 Name: .... Klasse: .... Datum: ....

1. *Der Vertrieb der Küchenwaage erfolgt über Außendienstmitarbeiter, die eine Vertreterprovision von 5 % erhalten. Wie hoch ist der zu erzielende Verkaufspreis, wenn der Barverkaufspreis (Selbstkosten + Gewinnaufschlag) aufgerundet 46,60 € beträgt? Berechnen Sie die Vertreterprovision in Euro.*

$$\text{Verkaufspreis} = \frac{\text{Barverkaufspreis}}{(100\ \% - 5\ \%)} = \frac{46{,}60\ €}{\ldots\ldots\ldots} \ldots\ \ldots\ldots\ldots$$

Vertreterprovision = ...

2. *Berechnen Sie den Zielverkaufspreis für ein Paar Schuhe, wenn folgende Kalkulationsdaten zugrunde gelegt werden:*

Materialverbrauch 24,50 €, Fertigungslöhne 32,20 €, Materialgemeinkostenzuschlag 12 %, Fertigungsgemeinkostenzuschlag 220 %, Verwaltungs- und Gemeinkostenzuschlag 14 %, Gewinnaufschlag 15 %, Vertreterprovision 7 %.

Materialverbrauch		24,50 € ....
....		....
....		....
....		....
....		....
....		....
= Zielverkaufspreis		....

3. *Die Mehrwertsteuer beträgt derzeit 19 %. Berechnen Sie den Bruttoverkaufspreis für ein Paar Schuhe aus der obigen Preiskalkulation.*

Bruttoverkaufspreis = ...

4. *Erläutern Sie den wesentlichen Unterschied zwischen der einfachen und erweiterten Zuschlagskalkulation.*

....

....

....

....

....

....

Name: .... Klasse: .... Datum: ....

Prüfungsvorbereitung

Nach Abschluss der Weiterbildungsmaßnahme zum/zur Meister/-in bzw. staatlich anerkannten Techniker/-in wollen sich Alex S., Philipp W. und Sandra L. mit einem Metall verarbeitenden Betrieb selbstständig machen. Das Grundstück mit der erforderlichen Produktionshalle könnte Sandra L. einbringen. Alex S. und Philipp W. verfügen über ein ausreichendes Fachwissen im Programmieren von Werkzeugmaschinen.

1. **Bei der Wahl der Rechtsform des neu zu gründenden Unternehmens denken die drei Existenzgründer zuerst an eine Gesellschaft des bürgerlichen Rechts (GbR).**
Beschreiben Sie je drei Vor- und Nachteile dieser Rechtsform.

2. **In einer weiteren Planungsphase entscheiden sich die Existenzgründer für eine Rechtsform, bei der die Haftung auf das eingebrachte Eigenkapital der Existenzgründer beschränkt wird.**
Welche Rechtsform ist hierfür geeignet? Begründen Sie Ihre Entscheidung.

3. **Alex S. will gelegentlich beratend mitarbeiten, Phillip W. kann wegen seiner langen Kündigungsfrist nicht sofort einsteigen und Sandra L., mit ihrer kaufmännischen Erstausbildung, ist zur vollen Mitarbeit bereit.**
Begründen Sie, wer die Geschäftsführung im neu zu gründenden Unternehmen übernehmen soll.

4. **Erläutern Sie die erforderlichen Gründungsformalitäten der Rechtsform „GmbH".**

5. **Beschreiben Sie die Aufgaben der zwei wesentlichen Organe der zu gründenden GmbH.**

6. **Für die Unternehmensgründung sind die wirtschaftlichen Rahmenbedingungen von besonderer Bedeutung.**
Erläutern Sie in den wesentlichen Punkten die Konjunkturphasen des Auf- und Abschwungs.

Prüfungsvorbereitung

1. ....

2. ....

3. ....

4. ....

5. ....

6. ....

Name: .... Klasse: .... Datum: ....

Prüfungsvorbereitung

Das mittelständische Unternehmen „Oliver Kerner e. K." ist ein erfolgreiches und kontinuierlich wachsendes Unternehmen in der Maschinenbaubranche. Es beschäftigt zurzeit 60 Mitarbeiter und ist Mitglied im Arbeitgeberverband.

1. **Geben Sie die vollständige Bezeichnung für die Abkürzung des oben genannten Unternehmens an.**

2. **Erläutern Sie die Bedeutung des Rechtsformzusatzes „e. K." und die Rechtsform des Unternehmens.**

3. **Zeigen Sie je drei Vor- und Nachteile dieser Rechtsform auf.**

4. **Erläutern Sie drei Gründe, die Oliver Kerner dazu veranlassen könnten, sein Unternehmen in eine GmbH umzuwandeln.**

5. **Beschreiben Sie die Organe der neu zu gründenden GmbH.**

6. **Für eine notwendige größere Investition in den Maschinenpark und eine angedachte Standorterweiterung benötigt das Unternehmen Kapital.**
Erläutern Sie zwei Möglichkeiten, um an das benötigte Kapital zu kommen.

7. **Der Geschäftsführer Oliver Kerner möchte den Bekanntheitsgrad des Unternehmens verbessern. Erläutern Sie drei geeignete Möglichkeiten?**

 Name: .... Klasse: .... Datum: ....

Prüfungsvorbereitung

1. ....
....
....
....

2. ....
....
....

3. ....
....
....
....
....

4. ....
....
....
....

5. ....
....
....

6. ....
....

7. ....
....
....
....